O HOMEM E A NOVA ERA

Elucidações espirituais para a transição planetária

O HOMEM E A NOVA ERA

ELUCIDAÇÕES ESPIRITUAIS PARA A TRANSIÇÃO PLANETÁRIA

Obra psicografada por CRISTIANO RAGAGNIN DE MENEZES

Ditada pelo espírito RAMATÍS

ISIS EDITORA

Editor Responsável: Gustavo Llanes Caballero
Revisão de textos: Rosemarie Giudilli
Diagramação e capa: Décio Lopes

Dados de Catalogação da Publicação

Menezes, Cristiano Ragagnin de

O Homem e a Nova Era/Cristiano Ragagnin de Menezes | 1ª edição | São Paulo, SP | Editora Isis, 2015.

ISBN: 978-85-8189-051-7

1. Espiritualidade 2. Nova Era I. Título.

EDITORA

EDITORA ISIS LTDA
www.editoraisis.com.br
contato@editoraisis.com.br

EDITORA AFILIADA

SUMÁRIO

Prelúdio ... 7
Prefácio de Ramatís ... 9
Palavras do médium ... 13
Sobre Ramatís ... 19
O encontro com a Luz ... 25
Universalismo Crístico ... 51
Os tempos atuais ... 65
A libertação da mente ... 87
A sintonia com as sombras ... 107
Estrutura familiar – O educandário do espírito ... 133
A transição da civilização dos eleitos da Nova Era ... 147
Ciência e Espiritualidade ... 161
Aspectos da mediunidade ... 177
A Era Aquariana ... 199
É tempo de despertar ... 213

Prelúdio

Meus amados!

Chegamos em um momento salutar na evolução do planeta Terra!

As amarras do obscuro e negativo estão para se desfazer da Egrégora do planeta!

Tudo será transmutado para o encontro à Luz Consciencial, à Luz do Divino!

Não tereis mais tempo para adiar o pensamento em agir, vocês devem agir!

Agir com toda a força, toda convicção que a essência divina os possibilita!

A Era Aquariana exige o desprendimento de força interior que seja direcionada exclusivamente ao Cristo!

O Cristo está em vossos corações!

E que esta nossa humilde obra possa desencadear o que tenha de melhor em cada um de vocês!

Pois, sabemos que a Força Criadora os habita, que um gigante virtuoso está adormecido em vossos corações!

Pois bem, meus amados!

Que todos possam entender a sua real importância e ter a consciência de que o momento é chegado e que cada um precisa assumir o seu verdadeiro lugar no Universo!

Que a chama violeta possa guiar-vos rumo à Era Aquariana!

E que vocês sejam merecedores e vencedores de si próprios!

Agradecemos pela possibilidade de estarmos aqui, servindo ao Princípio Criador que é a essência de nossa eterna existência!

EU SOU Saint Germain e estou com cada um de vocês, sempre!

Santa Maria, 29 de abril de 2015.

Prefácio de Ramatís

Queridos irmãos,

A humanidade passa por uma profunda transição que, conjuntamente com o planeta, elevará a níveis muito superiores a qualidade de vida entre os humanos. Este processo teve início nas últimas décadas do século passado e passou a se intensificar atualmente e perdurará assim por mais algumas décadas. O padrão consciencial humano será elevado a patamares muito elevados, que não são compatíveis com os atuais, pois o planeta precisa novamente respirar em sintonia com o Cosmos. O período de trevas está com os dias contados, e este processo é irreversível. O homem precisa, mediante este quadro, responder a uma pergunta: Se ele quer permanecer neste planeta violento e sujo, ou continuará sua caminhada em um planeta com elevado padrão moral e espiritual. Para os que desejam pleitear esta continuidade no planeta azul é necessário que seja aceito o compromisso de melhoramento interior, pela iluminação de um ser manso de espírito e amoroso com o seu próximo. A atual transição planetária coloca à prova esta capacidade de o homem realmente querer isso!

Para o auxílio dos trabalhadores da última hora, estamos trabalhando junto às Esferas Superiores, desde o século passado, em um grandioso projeto de conscientização e esclarecimento da humanidade para a transição planetária. Este trabalho impõe incansável labor junto com abnegados irmãos, que estando no Plano Astral e material, estão impulsionando os que "tiverem olhos para ver", para que obtenham êxito na transição planetária e que possam ser merecedores de neste planeta continuar. Atuamos categoricamente para auxiliar na implantação do perfil do Homem da Nova Era, que possuirá a identidade universalista. Por esse motivo, trabalhamos incessantemente em trabalhos de divulgação, nas mais diversas correntes espirituais, tanto do Ocidente, quanto do Oriente, e deste modo, buscamos a diversidade de informações que sejam complementares entre si, para atingir o maior número possível de irmãos que ainda podem pleitear o seu espaço neste novo modelo de planeta. Com isso, iniciamos mais uma etapa deste grandioso trabalho. Em verdade, estamos expandindo mais o horizonte da informação para a humanidade através desta obra, que veio para complementar outras que já deixamos para os homens.

Ao passar algumas encarnações, e mais especificamente 10 anos de intenso trabalho de orientação com este médium, podemos afirmar que é o momento de entregar aos homens mais uma importante ferramenta de instrução e orientação espiritual para o terceiro milênio.

Nesta obra, intitulada *O Homem e a Nova Era*, trabalharemos com temáticas de extrema importância para aqueles que almejam por informações frutíferas de auxílio para a sua caminhada. O livro aborda assuntos muito pertinentes com o atual momento que a humanidade atravessa no planeta. Informações importantes sobre a busca do autoconhecimento, libertação de vícios mentais, complementaridade entre as religiões e elevação do padrão vibracional serão elucidadas. Desta forma, serão mais bem compreendidos aspectos que afetam o homem diretamente, como as obsessões espirituais, as más condutas cotidianas, os vícios da alma, que são aspectos que impreterivelmente estão atrasando a evolução da humanidade. A obra explora também as falhas perniciosas que os homens cometem metodicamente, que são os padrões de comportamento destrutivos, na sociedade assim também dentro dos seus próprios lares, que são os grandes disseminadores dos padrões de comportamento coletivo futuro.

Esta obra tem o caráter universalista, que é a nossa verdadeira essência! Esta é uma obra para os que tiverem "ouvidos para ouvir e olhos para ver". Não somos os guardiões da verdade, tampouco almejamos isso, apenas buscamos aproximá-los mais do Princípio Divino que é o nosso grande Pai Universal. Namastê!

Ramatís

Santa Maria, 30 de abril de 2015.

Palavras do Médium

Relatar aqui, em um curto espaço de poucas páginas, o porquê de realizar este trabalho, através da psicografia, é demasiadamente complexo para explicar. Primeiramente, que não sabemos ao certo. Em verdade, sentimos a necessidade de fazer algo que traga um pouco de paz interior, mesmo que de maneira inconsciente. Esta vontade de reparar algo que não lembramos toma conta de nós a ponto de termos um propósito que mesmo não sabendo ao certo, temos a única certeza que precisamos realizar. O que sabemos é que existe um propósito para as nossas vidas e que isso precisa ser buscado incessantemente para que possamos encontrar a nossa verdadeira essência, por meio do autoconhecimento.

Estranhamente, sempre pedi a Deus para nunca ver espíritos ou conversar com eles. Desde pequeno, mesmo vivendo em um ambiente de Religião Católica, sabia de maneira inconsciente da existência de um mundo espiritual que não é relatado e nem permitido discutir dentro do Catolicismo. Em verdade, já sentia, pelas lembranças de vidas passadas, que um mundo oculto estava por trás de todas as minhas curiosidades e indagações.

Embora eu tivesse uma pré-disposição sensitiva, pouquíssimas vezes, na minha infância e na adolescência, tive contatos mediúnicos, seja pela clarividência ou por outra forma de manifestação pelos espíritos. A mediunidade foi aflorar para mim somente aos 27 anos de idade, e de uma forma muito diferente do que acontece normalmente com outros médiuns. Em vez da mediunidade se manifestar com o aparecimento de espíritos sofredores ou entidades necessitadas que buscam por auxílio, comecei a ter acesso a estes planos extrafísicos de uma maneira muito normal e sempre recebendo a visita de espíritos elevados, o que sempre me deixou muito à vontade. Posso dizer hoje que isso é uma bênção, mediante tantos outros médiuns que começam o trabalho mediúnico pela necessidade que a dor impõe no cotidiano da vida. Para mim, foi muito normal e veio aflorando quanto mais eu despertava para o mundo espiritual, com a curiosidade em saber mais e mais acerca deste mundo oculto e que despertava grande fascínio aos meus olhos.

Juntamente nesta fase de afloramento espiritual, reencontrei pessoas formidáveis que são meus amigos de longas datas, pelas inúmeras encarnações que já vivemos. Estas pessoas, cada uma como uma peça de engrenagem que se encaixa perfeitamente na máquina da vida, contribuía para que eu pudesse aprimorar e descobrir cada vez mais os propósitos e caminhos que me levaram até aqui onde estou hoje, humildemente pronto para servir de acordo com a vontade de nosso Pai Maior.

Muitas pessoas acham que os médiuns são pessoas especiais, que possuem privilégios perante Deus por poderem se comunicar com os planos extrafísicos ou que são mais evoluídos espiritualmente. Mas, em verdade, os médiuns são os maiores necessitados perante a Espiritualidade e precisam desempenhar funções da mesma amplitude a dos débitos que cometeram em vidas pretéritas. Mediunidade não é um presente dos céus, mas sim uma carta de crédito para que possamos reparar males cometidos no passado, de uma maneira mais rápida e eficaz.

Estou relatando isso, pois no início, até pela maneira que a mediunidade se manifestou em minha vida, de maneira natural, sem traumas ou dores espirituais, parecia que era um poder especial conferido a mim, inclusive achando que estava em um estágio evolutivo igual ou até superior a muitas pessoas com quem convivia. Mas, como Deus é sábio e utiliza as ferramentas da vida de maneira exemplar, demonstrou-me com o tempo, que em verdade, a mediunidade além de servir de um mecanismo de autodepuração espiritual, também promovia um bem muito maior: a capacidade de mostrar ao médium a sua verdadeira identidade, por meio do autoconhecimento. E através deste autoconhecimento, foi possível constatar que, realmente, eu não era nada daquilo que pensava ser, pelo contrário, era mais necessitado do que muitos dos irmãos que vinham até nós para serem assistidos. Tendências trazidas de vidas passadas, necessidade de lidar com a humildade, de silenciar para escutar a voz interior, entre outros pontos referentes à alma, foram descortinados, mostrando a necessidade real de que eu precisava me reformular para assim evoluir, e um dia poder me alinhar com o caminho da Luz. Inicialmente, relutamos de todas as maneiras para não aceitar esta realidade, mas com o tempo amadurecemos pelo autoconhecimento que nos é permitido exercitar.

Descobrindo isso, consegui entender um pouco mais acerca da minha missão, e que de fato, todos nós temos uma missão como espíritos encarnados, temos um objetivo, e estes objetivos estão de acordo com as nossas necessidades evolutivas. Desta maneira, coloquei-me à disposição do Plano Superior, para realizar o trabalho que a mim foi delegado, e pretendo realizá-lo até onde o Criador concordar e permitir. Hoje, entendo e tenho convicção suficiente do trabalho a realizar, e que sair da estabilidade aparente que o plano material fornece e principalmente do que a sociedade atual aceita e segue, são necessários e que estão em um plano de prioridades bem inferiores aos objetivos e responsabilidade que temos como espíritos imortais que somos. Antigamente, pensava igual a um homem, hoje procuro pensar igual a um espírito, eis a grande diferença.

Chegar até o final da escrita deste livro não foi tarefa fácil. O principal obstáculo foi imposto por mim mesmo que foi o de vencer os pontos mal resolvidos tais quais o orgulho, o medo e principalmente a falta de confiança para realizar este trabalho. Para o leitor ter uma ideia, precisei ir a quatro centros espíritas diferentes e ouvir a mesma mensagem de todos para finalmente acreditar que deveria realizar este trabalho. Em verdade, nunca tive falta de fé, mas nutria e ainda nutro um sentimento de que não sou merecedor de estar fazendo parte deste trabalho tão importante da Espiritualidade, e principalmente, em um período chave para a evolução da humanidade. Mesmo sabendo que não é uma dádiva, mas sim uma responsabilidade, não me sinto digno de estar fazendo isso, pois existem pessoas mais preparadas do que eu. Relato isso, pois ninguém mais do que Deus e nós mesmos somos nossos melhores conhecedores, mas como Deus nos conhece melhor do que nós próprios, a vontade dele deve ser cumprida.

Nesta caminhada preparatória, preciso agradecer por estar hoje na condição de fazer esse relato na abertura desse livro. Agradeço a todos que me auxiliaram na preparação para a psicografia. São inúmeros os irmãos, e não quero cometer a injustiça de omitir algum aqui. Mas, alguns eu preciso salientar, como primeiramente a minha esposa, que foi a pessoa que me aproximou do espiritismo e deste modo da Espiritualidade; do amigo Barbosa, da Casa de Jesus, centro espírita de Campinas-SP, que foi um dos meus grandes instrutores para o desenvolvimento da psicografia, psicofonia, clarividência e conhecimentos da Espiritualidade; a Isis, grande amiga que nos levou a reencontrar o grande grupo de amigos do Grupo Espiritual Francisco de Assis, de Valinhos-SP, e dizer que cada um tem grande contribuição para esta obra.

Desse grupo, agradeço imensamente as orientações da amiga Edna, que para mim é um exemplo de conduta mediúnica, e que nos recebeu com todo o carinho no período em que trabalhamos juntos com este fabuloso grupo de irmãos. Preciso agradecer também a um grande amigo espiritual, meu conterrâneo Roger Bottini Paranhos, que sempre me auxiliou para o desenvolvimento desse trabalho e que continua fazendo isso com afinco, e que realiza um trabalho ímpar no esclarecimento espiritual da humanidade, neste período de transição para uma Nova Era.

Não poderia deixar de agradecer a Espiritualidade Superior, por mais esta oportunidade de servir de uma maneira digna, principalmente aos Mentores Espirituais, especialmente a entidade de Francisco de Assis, Bezerra de Menezes, Miramez, Kahena, Celes e ao irmão Ramatís, que propiciaram, uma vez mais, a minha humilde participação enquanto médium de psicografia.

Desta maneira, esperamos não desapontar os leitores, e desde já peço a vocês que direcionem qualquer crítica em relação à obra e as que virão a este que vos escreve e nunca à entidade que passa as informações. Os eventuais erros que possam ocorrer, sempre virão do aparelho mediúnico, pois é pouco provável que venham de entidades que estão em um grau de elevação muito acima do nosso.

Assim, agradecemos a todos e a esta obra, como as que virão, se assim for a vontade de Deus, pois são obras da Espiritualidade e que eu, na qualidade de simples transcritor, somente estou incumbido de passar para o papel. Desejamos para os leitores que esta obra, de alguma forma, possa contribuir para o seu aprimoramento espiritual nesta importante etapa evolutiva que passamos aqui no Planeta Terra.

Cristiano R. de Menezes

Santa Maria, 13 de janeiro de 2014.

Sobre Ramatís

Falar a respeito do espírito Ramatís, Rama-tys ou Swami Sri Rama-tys, como é chamado por alguns, creio que seja fácil para o entendimento do público, pois este espírito possui laços muito estreitos conosco. Como consta na literatura espiritualista, Ramatís preferiu manifestar-se com este nome em suas obras de psicografia devido à sua encarnação no século X d.C., no Oriente, mais pontualmente falando, na Índia, onde foi importante instrutor de um grupo iniciático. Com isso, muitos médiuns relatam que ele sempre se apresenta no campo mental dos clarividentes nas indumentárias hindus, semblante sério, aspecto jovial, mas transparecendo grande sabedoria e estirpe espiritual. Muitas informações acerca de sua ideoplastia o leitor encontrará na literatura espiritualista.

Ramatís é um espírito dotado de grande desenvolvimento espiritual, que possui a principal missão, junto à nossa humanidade, de difundir a síntese do conhecimento contido nas doutrinas religiosas e espiritualistas ocidentais e orientais, a fim de promover a integração da humanidade em torno de valores éticos universais com a expansão das suas consciências. Sua principal característica é a incessante busca pelo autoconhecimento, o autocontrole mental, assim também a conscientização do ser humano em relação ao seu modo de viver e agir. Ramatís instiga o ser humano a pensar tal qual um cidadão do Cosmos. Estes conceitos são tratados de maneira sistêmica por ele.

Ramatís está à frente, juntamente com outros espíritos elevados, do projeto de transição planetária para a Nova Era, a fim de levar orientações espirituais aos homens, para o credenciamento desses a cidadãos da Nova Era.

Nos últimos milênios, Ramatís sempre esteve presente como assíduo e fiel colaborador de projetos importantes para a humanidade. Esteve presente como importante sacerdote na época de Atlântida, também esteve presente na época de ouro egípcia, mais especificamente na implementação da crença de um único Deus na Terra do Nilo. Esteve presente como importante filósofo na época da Grécia Antiga. Continuou com encarnações pontuais como na vinda de Jesus entre os Judeus, depois em grupos iniciáticos que possuíam o conhecimento esotérico e das verdades universais. Encarnou em núcleos iniciáticos no Oriente, na África e na América do Norte. Em todas estas encarnações, Ramatís deixou um importante legado de liderança, sabedoria e instrução espiritual. Este espírito sempre foi um guardião das principais leis espirituais e que poucos espíritos poderiam possuir nas diferentes épocas. Acima de tudo, sempre deixou em suas encarnações o legado da conduta irretocável e de alto teor moral e espiritual. Dos que tiveram acesso aos seus ensinamentos, poucos conseguiram acompanhar e absorver as suas elevadas instruções.

Mas, creio que o leitor, neste momento, queira saber como eu, o médium deste trabalho, conheci esta entidade e como a vejo e me relaciono com ela. Primeiramente que, nesta vida, quando entrei em contato com ela, conscientemente, foi logo quando iniciei o desenvolvimento mediúnico. Na época eu tinha muita facilidade em sair do corpo em desdobramento, em viagem astral.

Em uma destas viagens, fui levado a um grupo, muito semelhante aos grupos iniciáticos hindus, e lá entrei em contato com Ramatís. Neste dia, ele não disse quem era, ele se apresentou para mim, como se apresenta até hoje: estatura média para pequena, cabelos negros longos e lisos, estereótipo típico de um oriental, mais precisamente de um indiano. Aspecto muito jovial, com a impressão de que não possui mais de 20 anos de idade, o que poderíamos dizer aqui na região em que moro, como se fosse um "piá" ou "guri". Porém, quando olhamos para ele, principalmente nos olhos, ele demonstra seriedade e envergadura de um senhor sábio de 70 anos. Ele não precisa falar, basta olhar para ele e o respeito que é transmitido é categórico. O que noto que difere de sua ideoplastia em relação aos outros médiuns é que sempre o vejo com as roupas hindus, ou às vezes, com as vestimentas similares às da época de Atlântida, com os cabelos soltos, que vão até praticamente à sua cintura.

Na primeira vez que o vi, não o tinha reconhecido, pois até aquele momento não tinha entrado em contato com ele nesta encarnação. Porém, exatamente duas semanas após este sonho, recebi emprestado de uma amiga minha um livro dele. Quando coloquei os olhos na capa e vi aquele nome forte em caixa alta "RAMATÍS" rapidamente eclodiu um sentimento em mim de que este nome era muito familiar. E assim, a partir daquele dia, comecei a encontrar com ele mais seguidamente até que realmente foi revelado a mim que ele era o meu Mentor Espiritual, e que deveríamos iniciar um importante trabalho sob a sua orientação. Um aspecto importante de Ramatís que muitos relatam, mas que eu discordo: primeiramente, que Ramatís é severo e muito forte em suas afirmações. Posso dizer que, quando descobri que ele era o meu Mentor, achei que seria algo penoso pelo que eu ouvia falar sobre ele. Posso afirmar que fiquei surpreso durante esses anos, pelo quanto ele é compreensivo e amoroso comigo!

Inúmeras vezes, durante o treinamento mediúnico e até durante o trabalho espiritual, eu falhava ou até como diz a expressão "pisava na bola" com ele. E quando achava que iria levar uma "bronca", ele simplesmente me olhava com semblante fraterno, mas firme, e deixava a repreensão por conta de minha consciência. Ele, sábio que é dos valores espirituais, sabe muito melhor do que nós como se deve conduzir almas deficientes, e sabe que o maior corretor que temos é a nossa consciência. O máximo que ele dizia era: hoje não temos trabalho, certo?

Muitos afirmam que Ramatís é duro e enérgico em suas afirmações nas obras de sua autoria. Mais uma vez eu discordo. Ramatís é direto naquilo que quer afirmar e o seu principal objetivo é convidar o ser humano à busca incessante do autoconhecimento, e principalmente, desarrumar as prateleiras de conceitos pré-concebidos que criamos em nossas mentes. O leitor pode notar que as afirmações de Ramatís, que julgam ser fortes ou severas, de alguma maneira, instigam o indivíduo a rever aqueles conceitos mais enraizados no seu interior, tais quais o orgulho, o preconceito e os apegos. Em verdade, ninguém quer ser "cutucado" nas suas fragilidades, mas é a partir delas, que com a revisão e aprimoramento dos conceitos, que conseguimos ser pessoas melhores. Então, Ramatís é rotulado dessa forma, pelos orgulhosos, os conservadores e por aqueles que precisam estudar mais, expandir mais as suas consciências.

Outro aspecto importante a respeito desse espírito e que talvez seja a sua principal característica: ele possui essência universalista. Por ser universalista, ele está presente em trabalhos de cunho universalista e em demais trabalhos, como os que carecem de esclarecimentos, tal qual a Umbanda. Mas, Ramatís não é espiritualista, tampouco umbandista, ele é universalista, isso quer dizer, ele trabalha em todas as religiões e ao mesmo tempo não pertence a nenhuma. Atualmente, ele trabalha muito fortemente com irmãos da Umbanda, pois esta corrente religiosa é importantíssima para o desenvolvimento da nossa atual humanidade, e precisa ser descortinada para o público o quanto de sabedoria espiritual existe nela. Mas, Ramatís não é umbandista do jeito que alguns afirmam. Se fosse, não condiria com a sua estirpe espiritual, assim também com qualquer outra corrente religiosa. O que podemos dizer com a expressão mais próxima, se é que podemos falar isso, é que ele seria universalista. Mas, ficar relatando sobre este nobre espírito creio que não seja mais necessário, pois existe muita informação a respeito dele que o leitor pode obter em outras fontes. Ramatís e inúmeros outros espíritos elevados estão engajados neste importante projeto de transição da humanidade e convida a todos nós a fazermos parte dele.

Cristiano Ragagnin de Menezes
Santa Maria, 30 de abril de 2015.

CAPÍTULO 1

O ENCONTRO COM A LUZ

Era mais de uma hora da manhã, estava uma noite serena, de clima agradável. Encontrava-me mergulhado em um sono tranquilo, até que lentamente, comecei a ouvir vozes em tom manso e leve, que foram ficando cada vez mais notáveis aos ouvidos, já não sabia se eram nítidos aos sensores físicos ou espirituais, quando iniciou-se uma leve e agradável música, muito confortadora, bem parecida com estas músicas de relaxamento.

Fui me envolvendo naquela confortável vibração, aos poucos, senti que o meu corpo físico começava a tremer, mas estranhamente isso não era notado externamente, era como se fosse uma vibração interna, que gradativamente aumentava com uma vibração difícil de explicar a quem lê agora este livro. Não obstante o meu envolvimento em todo este quadro, iniciou-se uma onda de calor que passou por meus pés até chegar à cabeça, levando-me a um estado diferenciado. Neste instante, comecei a notar que todo o meu corpo vibrava como se existissem milhões de células, todas girando em sentido contrário uma das outras em alta velocidade. Com isso, senti formigamento em todo corpo e um estado de leveza impressionante, parecia que toda aquela vibração estava me deixando mais "sutil", e de fato estava, pois ali naquele instante eu estava saindo do meu corpo físico em desdobramento espiritual! Flutuei, mantendo a postura horizontal na cama, onde permaneci estático a aproximadamente 50 cm do corpo físico em repouso; permaneci neste estado por mais um tempo, quando notei que mesmo estando com os olhos fechados, expandia-se o campo mental, o que antes estava limitado aos olhos do físico corporal, então dava lugar a uma visão expandida, não chegando a 360 graus, mas creio que muito perto disso.

Aquela música agradável continuava a propagar, juntamente com ela provinha um suave aroma de rosas, ou melhor, lembrava rosas, mas era de um aroma muito mais intenso e pronunciado. Sentia a respiração muito mais leve e imensa sensação de bem-estar, realmente parecia que tinha saído de uma prisão, e de fato estava, pois estava fora do corpo que tanto nos limita como espíritos.

Eu estava relativamente acostumado com tais fenômenos, pois costumeiramente saio do corpo de maneira consciente, mas não de maneira tão tranquila quanto dessa vez (devido à minha ansiedade habitual que carrego ainda e corriqueiros desequilíbrios de energia no dia a dia, sempre saio de maneira brusca e atabalhoada). Se for contar aqui quantas vezes fui impulsionado para fora do corpo físico como se este fosse uma verdadeira catapulta! Meu espírito é simplesmente jogado em rodopios pelo teto do quarto. Por inúmeras vezes, atravessei o teto quase adentrando o quarto do vizinho do andar de cima, ou então atravessando paredes, de modo estabanado! Nestas situações, seguramente em 90% dos casos, eu retorno imediatamente para o corpo físico, acordando com palpitações e com o corpo suado.

Porém ali, naquele instante, estava tudo mais nítido em relação a outros desdobramentos anteriores. As vozes que ouvia anteriormente cessaram. Aquela majestosa música que lembrava muito a melodia de Bach, ainda permanecia no ambiente. Notei ao meu lado, em posição um pouco abaixo, a minha esposa, ou melhor, o corpo dela, em sono profundo, pois notava que tinha um filete brilhoso que saia de sua fronte, de cor amarelo-esverdeado com tons brilhantes de prata, de aspecto muito interessante e bonito, o que eu pouco noto nos desdobramentos. O que eu avistei foi o seu cordão de prata e ela, com certeza, estava desdobrada em alguma dimensão por aí.

Estando ainda na posição horizontal em relação à cama e a meu corpo físico, criei coragem em me levantar, ou melhor, colocar-me de pé, fiz um esforço para levantar, na qual suavemente me fiz ficar em pé tocando o solo do quarto. Imediatamente, esforcei-me em notar o ambiente ao redor, pois sempre que percebo o desdobramento, rapidamente tento analisar as diferenças de percepção habituais de se estar fora do corpo em relação aos efeitos deste nas limitações de estar enclausurado no mundo material.

Notei o silêncio do mundo físico, daquelas horas da madrugada, resolvi me deslocar para a sala, atravessando diretamente a parede que dividia os dois cômodos, e chegando à sala, notei a janela entreaberta, com a lua iluminando parcialmente o chão da sala, com leve brisa que sempre sopra na cidade nesta época do ano. Aproximei-me mais da parede direita da sala, onde tínhamos um quadro muito bonito do mestre Jesus, na sua famosa passagem de contemplação no Monte das Oliveiras, fixei meu olhar naquele quadro, pensando nos aspectos da vida que ele passou, suas provas e belíssimos exemplos deixados para a humanidade e ao mesmo tempo, refletindo sobre a vida que levamos no nosso dia a dia, tão conturbada, cheia de provações e angústias, e na humanidade que pouco absorveu daqueles iluminados ensinamentos.

De repente, percebi atrás de mim a aproximação de alguém, que em verdade eram seis entidades espirituais, todas em forma de uma espécie de névoa cor violeta, com uma luz de intensidade leve os envolvendo. No mesmo instante, percebi que eram energias muito positivas, o que me deixou em total estado de conforto, ao contrário de entidades trevosas que na certa eu me arrebataria imediatamente ao corpo físico. Aos poucos, aquelas formas sutis foram criando forma, plasmando formas humanas à minha frente. Notei que três daquelas entidades tomaram formas de homens de estatura média para alta, pele bronzeada e vestidos com roupagens que lembravam os egípcios das épocas dos grandes faraós; estes permaneceram mais atrás, resguardando as três entidades da frente. Destas três, à frente, uma formou-se em uma elegante mulher, de semblante sério, mas de muita paz e que transmitia confiança. Estava trajada com uma túnica branca que ia até o chão, que dava um ar de elegância muito grande; sua pele era branca, e os cabelos castanhos presos à túnica, olhos castanho-claros, de uma feição muito bonita. A outra, reconheci de pronto, o grande amigo e espírito protetor, era Celes, que acompanha minha encarnação desde a infância. Este estava de túnica cor amarelo-ouro, porém em tom bem fraco, lembrando a cor pastel, plasmado como de habitual, cabelos castanhos, olhos também castanhos, cor da pele branca e estatura média. Terminada sua plasmagem, já estava com um grande sorriso formado, porém, ambos permaneceram em silêncio.A terceira entidade adquiriu forma de um homem de estatura de médio para grande, possuía aspecto mais maduro, aproximadamente 40 anos, cabelos longos até os ombros, de cor branca, barba também nesta tonalidade de cor, migrando para um tom mais prateado, olhos castanhos e pele bronzeada; transpassava um ar de sabedoria e parcimônia. Estava vestido com as indumentárias hindus, embora sua feição fosse um pouco diferente a dos orientais, até predominando aparência mais ocidental. Com um sorriso mais contido, mas não menos intenso, falou:

– Que a paz do Mestre Jesus o ilumine, irmão protegido!

Eu respondi de pronto:

– Que assim seja, meu amigo!

Dando um passo mais à frente, o amigo espiritual falou em tom direto:

– Prepara-te que viemos te buscar hoje para uma reunião no astral superior! Peço neste instante que se concentre e eleve o seu pensamento na frequência vibratória mais elevada que puder!

De pronto, fiz um sinal positivo com a cabeça e concentrei-me com toda a força possível, fechei os olhos e, como se fosse de modo instantâneo, abri-os em um gigantesco salão, um ambiente que lembra uma imensa e luxuosa biblioteca de estudos. O chão de brilho impecável, o piso parecia muito com o mármore que temos aqui no mundo físico. O salão muito bem iluminado, uma luz diferente aos olhos do que costumamos ver, muito clara, porém agradável, de modo algum ofuscava, mesmo com quantidade considerável de claridade. Sentia o ar muito mais leve, muito agradável, parecia-me ser muito puro, longe do que respiramos no nosso mundo material poluído. Esta sensação de bem-estar vinha acompanhada de uma fragrância de rosas muito deliciosa ao olfato, parecida com a que senti quando estava me desprendendo do corpo físico em meu quarto, porém essa era mais acentuada, mais intensa. Realmente, sentia-me nos céus! Fiquei tão deslumbrado com tudo que estava presenciando que mal reparei a presença dos meus guias espirituais que me trouxeram até aquela esfera mais elevada do astral; com certeza aquele grupo estava fazendo considerável esforço para manter-me equilibrado naquele ambiente ainda longe de me merecer sintonizado. Dos seis irmãos espirituais que estavam me conduzindo, somente aquele senhor de aparência sábia e altiva, cabelos esbranquiçados, barba rala de coloração prateada, estava ao meu lado. Ele, notando o meu deslumbre com toda aquela situação, dirigiu-me a palavra:

– Realmente aqui é muito bonito, não achas?

Ainda em estado de êxtase com tudo aquilo, somente realizei um movimento rápido de afirmação com a cabeça. E o iluminado irmão prossegui:

– Sabes por que o trouxemos até aqui?

Eu, naquele momento, mais concentrado em suas palavras, respondi com grande curiosidade:

– Não! Creio que seja para a busca de alguma instrução, mas, e os demais que estavam conosco, onde foram?

O iluminado irmão, lendo os meus pensamentos questionadores e ainda desconfiados, falou em tom suave e espaçado:

– Eles auxiliaram no teu preparo vibracional para que possas estar aqui de maneira consciente. Agora que estás aqui "são e salvo", já foram realizar os seus demais trabalhos neste plano.

Fiquei pensativo por alguns segundos, e olhando nos olhos do nobre espírito, formulei outra pergunta:

– E você, meu irmão, quem és? Alguns dos demais amigos que estavam conosco na minha saída do corpo eu já conheço, como o grande amigo Celes, que me acompanha desde a juventude, mas de você não estou lembrado, embora sinta que te conheço de muito tempo!

O nobre espírito abriu um leve sorriso e com semblante fraterno e sereno permaneceu calado, como se tivesse dando tempo para que meu mental ativasse os registros passados de outras existências.

Foi, então, que rapidamente veio-me lembranças à mente das vivências passadas, e como fosse em um piscar de olhos, vivenciei algumas delas em que convivia com o amigo em trabalhos de grande significado espiritual, nos círculos iniciáticos da Índia Antiga.

Nesse momento, vivenciei por instantes aqueles grandes tempos que ficaram séculos para trás, e com os olhos úmidos abracei aquele irmão com muita alegria:

– Amigo Isaléu, como pude não te reconhecer! Desculpe-me!

O amigo, depois de um longo abraço, com uma postura de um irmão mais velho e maduro, colocando a mão direita em meu ombro falou:

– Não tem por que se desculpar! Fico feliz que tenhas recordado de mim, sinal que estás ativando bem as tuas regressões às vidas passadas, afinal já se passaram algumas encarnações tuas desde aquela nossa vivência no mundo físico.

Realmente, fazia muito tempo até, então, daquela data lembrada, alguns séculos tinham decorrido desde aquela data relembrada há pouco. Aos poucos, fui lembrando de momentos da atual encarnação minha, que aquele semblante sábio e tranquilo aparecia algumas vezes nas minhas visões, principalmente quando praticava o exercício da psicografia, em casa. O irmão, lendo os meus pensamentos, rapidamente refrescou o turbilhar de minha mente:

– Estou encarregado de te auxiliar na missão a que Deus te confiou neste teu estágio encarnatório! Estarei contigo de maneira mais presente, desde este instante até o seu retorno ao mundo espiritual!

Eu, escutando tudo de modo muito compenetrado, continuei a ouvir as suas palavras que me hipnotizavam:

– Não vou te adiantar muito, pois isso quem fará será o irmão Ramatís, que é o Mentor responsável por este projeto, que a propósito já está nos esperando!

Com um gesto gentil, Isaléu mostrou-nos o caminho para percorrermos até o encontro do iluminado espírito Ramatís, um dos responsáveis pelo projeto de implantação da consciência crística para a humanidade, na busca da transição de todo o planeta para a Nova Era, uma nova etapa para a humanidade, com homens voltados aos valores do espírito e à união crística.

Percorrendo aquele amplo salão, notava a impressionante arquitetura que compunha toda aquela imensa estrutura, mas achava estranho o fato de estar tudo vazio, foi então que Isaléu, lendo os meus pensamentos, falou:

– Não está vazio, meu irmão, tem muito mais gente aqui do que pensas!

Estranhando aquelas palavras do irmão espiritual, foquei meu olhar novamente naquelas estruturas, fazia força para ver ao redor, mas continuava somente a ver paredes vazias. Isaléu novamente alertou-me:

– Ainda não estás com teu padrão vibratório regulado a ponto de perceber a energia que ronda ao seu redor. A força que precisas fazer não é esta de fixar o olhar, lembre-se que é o mental que comanda o espírito, não se prenda aos vícios do corpo físico. Procure sintonizar-se com o ambiente astral através do equilíbrio!

Busquei acalmar-me internamente. Estávamos andando devagar por aquele imenso salão. Foi quando parei por um momento, respirei fundo e busquei, por meio de uma oração, a energia para sintonizar com aquele padrão vibratório tão sublime e confortável para o meu espírito. Fechei os olhos, permaneci em silêncio por alguns segundos.

Quando abri, tive uma surpresa! Lentamente, foram aparecendo ao meu redor, do então salão vazio, imensas fileiras de livros dos mais diversos tipos. Na parede, entre tais fileiras apareceram quadros com os mais diversos símbolos, o que muitos não conseguem decifrar, mais adiante reparei nos quadros que estavam afixados no início de um comprido corredor que iríamos tomar por caminho: existia uma série deles, em formato trigonal. O primeiro trazia o símbolo de uma lua, o que rapidamente decifrei por símbolo do Islamismo, trazido por Maomé. Era um quadro muito bonito, emoldurado em uma estrutura dourada muito reluzente.

Do outro lado do corredor, avistei outros dois quadros, um em forma de cruz, representando o Cristianismo, outro na estrela pentagonal, símbolo do Judaísmo, todo recoberto com um material brilhante muito bonito, o que lembrava diamantes ou algo parecido, em tons verde-esmeralda e em uma cor que lembrava muito o salmão, mas não era exatamente.

Aproveito para lembrar o leitor, que certas visões são extremamente difíceis de se relatar, pois a noção que temos de cor e formas é muito diferente do que nos defrontamos nos planos astrais, pois existem tonalidades de cor que simplesmente são indecifráveis para a linguagem humana. O que me chamou muito a atenção foram as inúmeras cores que formam um gradiente entre o azul e o verde, um verdadeiro espetáculo de tonalidades que simplesmente não tenho como classificar aqui, mesmo todas sendo muito nítidas, estas fogem aos padrões do que conhecemos no plano físico.

Isaléu acompanhava-me em silêncio, vendo que eu parecia uma criança em um parque de diversões, totalmente eufórico com aquilo tudo. E assim notei que as paredes comportavam diversos quadros, que representavam todas as correntes religiosas da nossa humanidade.

Pensei comigo: e saber que nós brigamos diariamente para defender a religião "x", como superior a "y", e que se julga a detentora da verdade maior. O irmão abnegado, mais uma vez captando os meus pensamentos mais melancólicos falou em tom esperançoso:

– Em breve chegará o momento em que todas as religiões se reunirão em uma única corrente crística, que demarcará uma nova etapa de vivência para a humanidade. Veja como aqui não há hierarquia nem luta por estabelecer uma religião sobre as demais, pois elas são os caminhos que levam à verdade, e não a verdade que os homens buscam.

Fiquei pensativo acerca daquelas afirmações, e um ar de otimismo tomou conta de mim. Ver que toda aquela vibração de paz e harmonia que absorvia, naquele momento, um dia seria também a do nosso planeta, com a passagem da humanidade para a Era Aquariana. Nesse instante, comecei a notar o imenso número de pessoas que estavam conosco naquele ambiente. Com o meu equilíbrio, já notava a imensa movimentação pelos corredores. Olhei para trás, e o imenso salão que comportava aquela deslumbrante biblioteca estava cheio de espíritos, que buscavam ali informações através dos estudos. Alguns estavam nitidamente com o cordão de prata, o que demonstrava estarem em desdobramento do corpo físico. Aqueles inúmeros irmãos que iam e vinham, apresentavam-se nas mais diversas formas. Alguns com turbantes e feições parecidas com os indianos. Outros bem ocidentalizados, com roupas também adequadas a este costume, mas de tom claro, beirando o branco. Outros com certeza, identificados com as religiões africanas, de pele negra, o que me lembrava muito os caboclos e pretos-velhos que auxiliam nos trabalhos da Umbanda. Outros não tinham formas humanas, sendo extremamente altos e de cores diferentes. Com um tom mais forte, falei a Isaléu:

–Nossa! Extraterrestres!

Isaléu, com um sorriso mais aberto nos lábios e com um olhar fraterno, falou:

– Extraterrestres? Todos somos!

E continuando o seu pensamento:

– Ou achas que é originário deste planeta? Quando adquirimos entendimento maior das verdades espirituais, logo notamos que somos cidadãos do cosmos! Não nos prendemos a planetas ou sistemas solares!

Eu, rapidamente, concordei e já fiquei pensando na maioria das pessoas que nem se quer admitem a hipótese de que existam vidas em outras dimensões e nem sequer noutros planetas! Quanto atraso ainda cultivamos nos dias atuais!

Mais uma vez, Isaléu respondeu aos meus pensamentos reflexivos:

– Tudo depende do despertar da consciência! Como disse, em breve tais relatos seus serão uma mera lembrança de um passado mergulhado ainda na cegueira espiritual! Como queres esta compreensão se a humanidade nem sequer consegue amar a si própria e a se respeitar como filha de Deus? Com o tempo, com o despertar para a verdadeira vida espiritual e com a instrução gradativa, as transformações ocorrerão naturalmente para os homens.

Concordei com o irmão e com suas palavras sábias; notava em seu semblante paz e harmonia que contagiava. Imediatamente, tentei fazer uma comparação com o homem e seu convívio diário, mergulhado em angústias, medos, irritações, e notava a diferença de nós encarnados com aqueles seres que nos intuem em todos os instantes na nossa vida, e que muito pouco nos colocamos à disposição para ouvi-los. Ah! Se o homem pudesse presenciar tais visões a que estou tendo a oportunidade de ver, poderia refletir mais sobre si e suas ações! Quem sabe descortinar um pouco o véu de Ísis que encobre os olhos para as verdades espirituais.

Meus pensamentos profundos e reflexivos foram desfeitos rapidamente pela nossa chegada a uma das portas daquele imenso corredor. Era uma porta gigantesca, de aspecto amadeirado, mas não era essa a descrição mais correta. Assim como todos os materiais que compunham aquela imensa estrutura do que parecia para mim um imenso palácio, era tudo muito diferente, mais reluzente, parecia um mármore, mas era mais brilhante e de extrema beleza. No centro da porta, um símbolo emoldurado ganhava destaque, com vários outros menores no seu interior, muitos indecifráveis para mim, porém alguns foram rapidamente decifrados, tais quais os símbolos do Cristianismo representado pela cruz, o do Islamismo, o da Umbanda, o do Judaísmo, o símbolo Rosa-cruz, o símbolo da

Maçonaria, do Hinduísmo, do Budismo entre tantas outras formas, representando a união das correntes filosóficas e religiosas que assessoram a humanidade. Isaléu, notando a minha admiração com aquela arquitetura exuberante, falou-me em tom alegre:

– Chegamos! Daqui para frente é contigo!

– E você, perguntei...

– Nós nos veremos mais tarde! Eu te conduzirei de volta ao corpo físico, não te preocupe!

– Nossos irmãos o esperam! Aproveite bem esta oportunidade!

Fiz um gesto de afirmativo e despedi-me do amigo iluminado, com um abraço de agradecimento e com grande emoção agradeci pela oportunidade e pelo amparo.

Naquele instante mesmo, Isaléu desapareceu de minha frente, como se literalmente se desmaterializasse aos meus olhos. Olhei para trás e naquele longo corredor não o avistei, notei a grande movimentação de espíritos que transitavam, transparecendo estarem em trabalho, outros para buscar instrução. O interessante era sentir o imenso ambiente de paz naquele recinto, mesmo tendo muitos espíritos interagindo ali. Eram notáveis o silêncio e a harmonia que imperavam naquele lindo lugar.

Rapidamente, voltei aos pensamentos daquela porta, sentindo o que veria nos instantes à frente, fiquei um pouco ansioso e apreensivo. Quando me virei para a porta, visualizei uma grande sala. A porta tão vistosa e bonita não estava mais ali, parecia que alguém a tinha arrancado em segundos, enquanto estava distraído com a partida do iluminado amigo. Tomei coragem de entrar, dando alguns passos à frente, o interessante é que quanto eu mais avançava, mais imagens se compunham à minha frente. Formaram-se as janelas ao fundo, uma atmosfera diferente promovia uma mudança vibracional dentro de mim. Foi quando apareceu de uma vez só uma corrente de irmãos, todos de branco, dos dois lados, fechando mais à frente, tendo ao centro a iluminada presença de Ramatís! Ao contrário do que presenciava nas reuniões mediúnicas, o grande irmão apresentava-se com os cabelos soltos, de cor bem negra, muito brilhosos, que ia mais ou menos até o meio das costas. Cor de pele parda, muito parecida com a fisionomia indiana. O que me impressionou muito foi a aparência jovial, que se fosse relacionar com os padrões terrenos, não daria mais do que vinte anos de idade! Porte baixo, comparado aos meus 1,78m de altura. Aquela postura jovial contrastava com o semblante sério e que passava imediatamente uma grande sabedoria e elevada estirpe espiritual. Ramatís, aproximando-se mais de mim, com um leve sorriso nos lábios, recebeu-me com alegria:

– Sejas bem-vindo, irmão! Que a paz divina esteja contigo!

Grande alegria e emoção tomaram conta de mim, e senti como se estivesse flutuando! Quando interagimos mais diretamente com espíritos de elevação superior, a sua energia nos contagia de modo gigantesco, é indescritível narrar mais algum detalhe sobre esta experiência. Estamos acostumados a um padrão vibracional terreno tão baixo, que contrasta diretamente com aquele estado de paz interior emanado daquela intensa vibração superior! Tomado por aquela energia fraternal, respondi com imensa alegria estampada no rosto:

– Muito obrigado, que a paz esteja com todos nós!

O irmão de luz, com gesto que demonstrava toda a sua humildade e elevação espiritual, curvou-se levemente e juntando as mãos, respondeu à minha saudação, com um gesto típico dos orientais. A expressão "namastê", tão utilizada pelos orientais para saudar os semelhantes, possui grande sabedoria, pois ela traduz o sentimento daquele que está saudando, de demonstrar que o Deus que habita o seu interior saúda o mesmo Deus que habita o interior do seu semelhante. Em verdade, é o encontro das energias mais sublimes que cada ser possui, que compõe a manifestação de Deus em cada ser. As filosofias orientais têm muito a nos ensinar, e a troca destas informações entre as correntes religiosas do Ocidente e Oriente será uma das tendências para a Nova Era, que será a fusão dos conhecimentos humanos rumo a uma evolução espiritual mais concisa e plena.

Extremamente feliz com aquele encontro de luz, rapidamente perguntei a Ramatís:

– O que faço aqui? Que merecimento eu tenho de estar com a sua presença e a dos demais irmãos de tão elevada vibração? Ramatís, com uma serenidade típica de quem habita as esferas elevadas, respondeu-me com extrema gentileza:

– Calma, meu irmão! Continuas ansioso, isso atrapalha a tua intuição! Você sabe a que veio aqui, mas devido à sua ansiedade, não está raciocinando plenamente!

Fiquei pensando em suas palavras confortadoras, fiquei quieto por alguns segundos buscando concentrar-me mais e assim buscar elevar a minha vibração.

Voltando a olhar aqueles amigos espirituais perfilados naquele recinto de luz, rapidamente surgiu em minha mente um sentimento de grande alegria. Reconheci naqueles elevados espíritos o elo de amizade de vidas passadas, de quando convivemos juntos nos trabalhos em importante corrente espiritual do Oriente. Enchi os olhos de lágrimas ao recordar alguns momentos em que foi possível recordar. Nesse instante, uma dessas pessoas que estava do lado direito do grupo perfilado aproximou-se de mim e, com um grande sorriso, respondeu aos meus pensamentos de alegria:

– Sim! Veja a grande família que somos! Somos irmãos eternos, todos, nesta imensa família universal! Recordaste de um período importante das nossas vidas pretéritas, pelo período que a humanidade passava e pelo momento de aprendizado que estávamos vivendo naquele instante, com certeza foi uma experiência marcante!

Aquele espírito altivo, pele morena, cabelo escuro, estatura elevada, lembrando muito as feições egípcias, carregava em seu pescoço uma corrente com o símbolo da cruz daquela época. Eu parado, sem dizer uma palavra, continuava a relembrar aqueles momentos tão intensos e de tanto aprendizado, o que me fez sentir também um pouco de melancolia, como se tivesse misturado àquelas sensações. Um sentimento de não ter aproveitado verdadeiramente aquela experiência veio intensamente à minha mente. Este sentimento é muito comum no decorrer de nossas vidas, quando em determinados momentos paramos a fim de refletir sobre o andar da nossa jornada e nossas ações, onde há, muitas vezes, sentimentos de angústia e de saudades de algo que não sabemos ao certo, mas que permanece em nosso âmago. Muitas dessas lembranças desconhecidas provêm das diversas vidas passadas quando deixamos de cumprir os nossos deveres e perdemos grandes oportunidades de ascendermos como espíritos rumo à Luz! Mais tarde, sempre seremos cobrados, não exatamente por Deus, mas pela nossa consciência, a que verdadeiramente rege o espírito de cada ser.

Voltando à narrativa, percebi o efeito deste sentimento no cordão de prata que carregava, o que naturalmente estava ausente naquelas entidades amigas à minha frente. Lembrei o nome do sábio irmão que com o seu olhar sábio e fraterno continuava a falar comigo.

– Amigo Alzir! Como fui demorar em lembrar seu nome? Vejo que ao estarmos presos ao corpo, os sentidos limitam-nos profundamente, como é nítida esta sensação quando estamos fora dele! Vejo que estás muito bem, assim também os demais amigos de luz!

Alzir, com um sorriso confortante, rapidamente tratou de me consolar sobre os meus pensamentos de martírio:

– Meu irmão! Não tens o que lamentar! O mais sublime da vivência de nossas experiências é podermos tomar as lições a fim de sermos melhores a cada dia! Aproveite a possibilidade de estar encarnado neste momento ínfimo da eternidade! Lembre-se que a lagarta também precisa se recolher ao casulo e ficar por um tempo para se lapidar até se libertar dele e virar uma linda borboleta! Assim segue a todos nós! Encare esta possibilidade de aprendizado para te esforçar na busca de sua lapidação interior! Lembre-se que a vida é eterna, nossas passagens pela carne são como suspiros na eternidade! E agradeça a nosso pai universal pela possibilidade que estás tendo e com a missão que tens a cumprir! Muitos gostariam de estar na tua posição neste instante! Agradeça pelo merecimento que tens, de poder, mesmo na carne, estar em plena sintonia com o Plano Superior e com teus amigos espirituais!

Rapidamente, as palavras confortantes de Alzir estabeleceram-me o sentimento de alegria e compreensão de que devemos agradecer sempre, pela possibilidade de estarmos em contínuo aprendizado e com a certeza de que estamos no melhor lugar e na melhor hora e no melhor caminho para a evolução, pois Deus em sua infinita sabedoria e amor sabe o que é melhor para cada um de seus filhos. Alzir, feliz com a minha reação às suas palavras, continuou:

– Irmão, sempre te cobraste bastante! Tens esta marca junto contigo. Mas lembra-te que todos devemos saber o que o nosso espírito precisa em cada experiência para o aprendizado, é por isso que temos inúmeras encarnações, pois em somente uma é impossível alcançarmos estágios que vão além de nossa compreensão! O caminhar até a angelitude é longo! Não se faz de um dia para o outro! O importante é estarmos sempre com a mente aberta para recomeçarmos aquilo que falhamos e principalmente, aprender com as novas experiências!

Aquelas palavras só deixavam transparecer àquele grande amigo a sua sabedoria acumulada nas últimas encarnações. Este irmão, juntamente com Isaléu e entre outros discípulos de Ramatís, foram os que há 10 séculos destacaram-se como os mais lúcidos discípulos dos ensinamentos deste grande mestre da Espiritualidade. Conseguiram desenvolver o equilíbrio mental e sabedoria, atingindo os últimos níveis dos ensinamentos esotéricos que Ramatís tinha trazido ao Oriente. Desde aquela época, tinham já o equilíbrio e a lucidez de absorver realmente os ensinamentos prestados por Ramatís.

Imensamente feliz e emocionado com aquele encontro, e sob o olhar fraternal de Ramatís, agradeci a Alzir:

– Realmente, vejo agora que suas palavras estavam certas! Falaste que sempre estariam junto comigo, onde eu estivesse! Obrigado amigo, muito obrigado! Com semblante emocionado, Alzir agradeceu com um leve curvamento do corpo:

– Sempre estaremos contigo, pode estar certo disso, meu amigo!

Alzir, vagarosamente, voltando para trás, agradeceu a oportunidade do encontro com Ramatís, que em tom mais alto falou a todos naquela sala de imensa luz:

– Oremos agora, agradecendo a nosso pai universal, pela possibilidade de mais este encontro! Que estejamos sempre sintonizados com a tua luz! Agradecemos pelo trabalho que nos incumbiste, o de trazer para a humanidade um pouco dos seus ensinamentos, e que este conscientize os espíritos ainda presos à ignorância! E que sua luz ilumine a todos nós, filhos em eterno aprendizado!

Aquela corrente de luz formada levou-me a um estado quase de êxtase. Estava impressionado com a energia que pairava sobre nós naquele instante! Tons de luzes nas cores lilás, prata e dourada atravessavam toda a sala, suprindo-nos de alegria e felicidade. Terminado aquele verdadeiro banquete de luz, todos os espíritos presentes dispersaram-se para os seus afazeres, o que não era pouco, digamos de passagem.

Alzir, antes de sair da sala, voltou a cumprimentar-me desejando boa sorte. Retornei a saudação do grande amigo, permanecendo reflexivo com aquele gesto deixado por ele.

Todos saíram de modo que ficamos somente eu e aquele grande mestre da Espiritualidade. Fiquei quieto, esperando Ramatís dirigir-me a palavra. O nobre Mentor estava com os olhos fechados, voltado para uma das janelas da sala, em profunda meditação. Eu permanecia calado, pensando sobre o que seria a nossa conversa. Com certeza, seria acerca do trabalho que firmamos antes de minha vinda à matéria nesta atual encarnação, o de passar para o papel as novas mensagens provindas do Astral Superior, sob a tutela do nobre Mentor que estava ali à frente.

Eu já tinha recebido a comunicação de Ramatís há quatro anos logo quando me despertaram da letargia que o mundo da matéria exerce, para que eu voltasse a trabalhar com os valores espirituais. Naquele dia, em que Ramatís apresentou-se para mim, foi um dos dias mais felizes desta estada terrena! O nobre Mentor, mesmo não falando muito, naquela época, a respeito de nosso trabalho, somente deixou um recado: comece o seu treinamento mediúnico, pois um dia essa mão escreverá muito mais do que escreve hoje! Esta é a tua missão! Daquele dia em diante, eu tinha ingressado em trabalhos de desenvolvimento mediúnico e, de maneira muito rápida, foi aflorando a mediunidade de psicofonia, incorporação e psicografia. Depois deste período, novamente Ramatís apareceu pedindo para que eu reservasse um horário fixo, toda a semana, para eu psicografar em casa. A partir desse dia, passei a receber muitas mensagens naquelas noites de quinta-feira, diversos espíritos de luz manifestavam-se para deixar as suas mensagens. Às vezes, mesmo com todas as provas que a Espiritualidade me passava, eu ficava em dúvida, com todas aquelas mensagens da mais elevada estirpe espiritual, mas sempre Ramatís, como um pai que educa o seu filho, interferia nos meus pensamentos e com rigor pedia sempre: "Tenhas fé, disciplina, humildade e o coração aberto para Deus!". Se não bastasse estas aparições, muitas vezes, o nobre Mentor me levava em viagem astral, para lugares em que eu poderia aprender com minhas dúvidas, aflições, ansiedades, fobias. Estas visitas eram tanto nas paisagens paradisíacas do Astral Superior quanto também para o mundo das sombras, no astral inferior, no que chamamos de umbral.

Estava perdido nestas recordações, como se um filme estivesse passando em minha mente naquele instante, quando fui interrompido pela voz forte e fraterna do nobre Mentor:

– Irmão, volte ao presente! Precisamos conversar sobre o nosso trabalho!

Feliz com suas palavras, respondi com grande alegria:

– Sim, irmão, como queira, estou aqui para servir no que for necessário! Ramatís, de maneira direta, falou:

– Está na hora de iniciá-lo!

Naquele instante, fiquei surpreso com aquelas palavras de Ramatís, pois achava que iria começar a escrever os livros em aproximadamente 10 anos. De maneira alguma, sentia-me preparado para iniciar um trabalho de tamanha responsabilidade, naquele instante, pois, mediunicamente, me achava muito inexperiente ainda. Passando todos estes pensamentos fervilhantes em minha cabeça, respondi em tom assustado:

– Como iniciar, diz agora?

Em tom direto, Ramatís respondeu olhando-me como se estivesse fazendo um raio-x da minha alma:

– Sim! É chegada a sua hora de contribuir com os planos do alto! Levarás aos homens algumas das instruções necessárias para a transição para a Nova Era!

Mediante aquelas afirmações de Ramatís, respondi em tom baixo e desestimulado:

– Não me sinto preparado para isso, muito menos digno de desempenhar tal trabalho!

Ramatís, dessa vez com semblante mais sério, mas demonstrando profundo carinho e compreensão com a minha postura desestimulada, falou em tom mais direto:

– Não é uma questão de merecimento ou de ser digno, é o trabalho que tens de realizar! Todos durante a evolução espiritual possuem tarefas a desempenhar, esta é a tua!

Seguindo em direção ao imenso salão em que fui trazido anteriormente pelos guias de Luz, Ramatís continuou a falar, ao mesmo tempo em que observava os quadros de beleza inenarrável que estavam afixados naquele imenso corredor.

– Passarás ao papel as instruções da Espiritualidade Maior, para que tu possas ser mais um foco de luz diante dos homens! A preparação da humanidade para a Nova Era exige a reflexão espiritual que conceda a possibilidade de mudanças morais a que cada um deve se submeter, para almejar uma vaga junto à nova ordem de espíritos eleitos para o terceiro milênio!

Já chegando à frente de uma das imensas prateleiras de inúmeros livros que se tornaram incontáveis para mim, perguntei:

– Mas, como será isso? Narrarei as nossas conversas no astral, as viagens astrais, ou será psicografia direta de suas mensagens e dos demais Mentores que acompanham este trabalho?

Ramatís, parado à frente da imensa prateleira, curvando-se um pouco para poder pegar um livro grande que estava à altura de nossa cintura, continuou:

– Tens a mediunidade bem desenvolvida para a psicografia; com o tempo de preparação que nossa equipe trabalhou contigo, já possui a capacidade de passar nossas mensagens através da escrita. Porém, seu trabalho não será restrito a isso! Como já podes notar, através dos seus desdobramentos noturnos, também passarás aos livros as experiências nos planos que os encarnados não conseguem ver. Como este nosso diálogo neste instante! Na elaboração do nosso livro, terás acesso a estes encontros assim como os demais que forem pertinentes para o auxílio de nossa missão perante a humanidade. Já te adianto que não traremos o trivial nestas obras, pelo contrário, os livros tratarão de assuntos delicados e controversos para o cotidiano humano! Aquilo que é cômodo será questionado, pois existe a necessidade da mudança interna dentro de cada um em relação aos seus vícios, costumes, conduta, o modo de pensar e interagir consigo e com tudo ao seu redor. O modo com que o homem enxerga a sua vida, a busca da Espiritualidade, a consciência espiritual, todos os padrões impostos pela sociedade terrena, as religiões, aspectos morais do cotidiano, tudo precisa ser repensado para a construção de um mundo melhor!

O nobre Mentor, pegando o livro de cor dourada, de considerável espessura, com letras e símbolos indecifráveis naquele instante para mim, continuou a sua linha de pensamento, que me deixava cada vez mais reflexivo:

– Chegará um instante em nossas obras, que os leitores verão que muitos dos pontos a serem relatados causarão grande desconforto, porque colocarão à prova os questionamentos, do que o mundo coloca como inquestionável e desnecessário. Alguns parecerão básicos, mas que conferem as maiores deficiências para a evolução espiritual. Confrontará as ideias dos orgulhosos, dos intelectualizados e sábios de vosso mundo.

– Como assim? – eu perguntei.

– Ao homem será feito o convite para vários questionamentos, entre esses: O paradoxo humano. Ao mesmo tempo em que o homem consegue enviar satélites e espaçonaves a anos luz da Terra, para interagir e descobrir planetas fora do sistema solar, porque este mesmo homem que possui tal inteligência e capacidade de propagação e exploração de seu meio não consegue transpor a rua em que mora e conversar com o seu semelhante, ou pelo menos conhecê-lo? Por que os homens que são extremamente ricos, com considerável sucesso perante a sociedade, e que pregam que este é o caminho para a felicidade humana, são infelizes e sentem-se extremamente vazios? Onde está o problema? Por que muitos dos autointitulados ateus defendem com veemência a inexistência de Deus durante toda a vida, mas ao final desta, acabam sentindo a falta daquilo que negam?

Estava atônito recebendo aquele banho de ensinamentos dignos de um verdadeiro mestre da Espiritualidade. Notei que acima da cabeça de Ramatís surgiu uma forte luz violeta que, aos poucos, o foi envolvendo integralmente! Ao mesmo tempo, o nobre irmão espiritual emanava uma energia de grande bem-estar para todos ao seu redor. Mal notei que ao nosso redor, muitos irmãos que estavam ali no salão largaram seus afazeres para absorver aqueles ensinamentos que eram uma sublime aula para todos nós ali. Aquela cena identificava-se muito com os tempos em que este espírito de Luz estava encarnado sob a identidade do filósofo Pitágoras, na antiga Grécia, que explanava para os seus discípulos os questionamentos sobre a essência humana, a filosofia cristalina que acrescentava ao homem em seus valores éticos e espirituais, inclusive até as suas feições espirituais mudaram levemente, deixando transparecer a ideoplastia do grande filósofo grego.

Notando toda aquela gente ao redor, em absoluto silêncio e concentração, Ramatís continuou, naquele momento, aquela verdadeira aula de sublimes ensinamentos.

– Perguntamos a vós, o que é o mal?

Todos ao redor ficaram quietos, refletindo acerca daquela indagação, que em primeiro plano é tão fácil de ser respondida pelas palavras, mas de tamanha complexidade para entendê-la nas nossas ações no cotidiano.

– O mal é uma simples simbologia que mascara a sua verdadeira face perante os homens, que é a ignorância! O homem sintoniza-se com o mal à medida que é incapaz de compreender a si próprio. A ignorância espiritual é a maior prisão que existe para o espírito em evolução! Esta ignorância não provém do ato de não conhecer, mas sim de não querer ver o que está explícito à sua frente! E é isso exatamente o que ocorre com o homem do século 21: o torpor espiritual mediante a incapacidade da reflexão, da busca de conhecimento, do comodismo que prega a alma ao solo negro da animalidade! O que temos no planeta Terra não é a luta do bem contra o mal, mas sim do conhecimento contra a ignorância! A humanidade já possui todas as ferramentas disponibilizadas para migrarem deste estado negro para o angelical. Inúmeros seres de luz vieram ao vosso mundo para exemplificá-las. O amor, a tolerância, o conhecimento, a compaixão, a caridade, o desapego, a humildade, são algumas destas ferramentas que estão guardadas dentro de cada um de vós. Os homens esperam por um reino de glórias e riquezas materiais, no paraíso tão ditado por diversas religiões, mas esquecem que o maior representante deste reino de felicidade já esteve há milênios encarnado entre vós e o apresentou aos homens: o reino da consciência espiritual!

A capacidade de cada espírito em despertar esta consciência está à prova neste momento da humanidade! Esta é a chave para abrir as portas para o ingresso na Nova Era! Busca de conhecimento, altruísmo, espiritualizar-se sem os dogmas religiosos, expandir a capacidade de cooperação entre os povos e sociedade, e principalmente, amar ao vosso próximo, assim como Deus vos ama, sem julgamentos, preconceitos, imposições, apegos. Eis o desafio chave para este final de tempo, em que infelizmente muitos estão sendo chamados, mas ainda poucos podem ser escolhidos!

Uma senhora, de postura altiva, cabelos brancos, aparentando uma dessas professoras catedráticas do mundo contemporâneo, e com um nítido cordão de cor azul-prateada preso às suas costas, mostrando estar assim como eu, em desdobramento do corpo físico, aproximou-se mais da gente e pedindo permissão, falou em tom fraternal:

– O irmão espiritual colocou todos estes pontos com grande sabedoria, tudo isso vivenciamos a cada dia, o desequilíbrio humano é cada vez maior, e vejo também que muitas destas pessoas procuram se instruir, espiritualizar, mas falta muitas vezes a consolidação destes ensinamentos, que só virá com a prática daquilo que se aprende.

Ramatís, com um gesto de concordância com aquela sabia senhora, continuou:

– Estás absolutamente correta! Eis o tempo da ação! É necessário colocar o aprendizado em prática, até mesmo os mais iniciados nas verdades espirituais de vosso mundo estão muito presos à teoria e praticando pouco! O homem só saberá se avançou alguns passos na evolução espiritual, se colocar em prática aquilo que aprendeu, ser testado nas suas atribuições espirituais conquistadas! Se aprendeu a amar, então perdoe o seu desafeto, se obteve conhecimentos em uma respectiva área, passe-os aos que ainda não a dominam! Aplique em ações que convertam benefícios à sociedade! Eis os exemplos todos deixados por Jesus e por outros iluminados espíritos!

Todos estávamos envoltos em atmosfera espiritual indescritível, eu mal notei, mas devido à sintonia e à estabilização das energias espirituais que aquela dimensão me trazia, ampliei o meu grau de percepção, a ponto de ver aquele salão em proporções ainda maiores, acima não avistava mais teto, mas sim um imenso céu aberto em uma luminosidade totalmente fora dos padrões terrenos, mas que não me ofuscava os olhos, uma luz muito bonita adentrava aquele recinto, banhando-nos de imensa energia. Até aquelas pessoas que estavam conosco adquiriram outras formas, como se estivessem mais leves, mais iluminadas, com aspecto mais jovial que poderia até remetê-las a verdadeiros anjos. Nesse mesmo instante, comecei a me perguntar se o que estava ocorrendo ali seria uma mudança vibracional de todos diante daquela palestra iluminada, ou se eu realmente passei a ver mais espiritualmente, do que estava vendo antes? Nesse instante, senti a presença do iluminado amigo Isaléu, que lendo os meus pensamentos, colocou sua mão direita sobre o meu ombro e disse:

– Enxergamos aquilo que realmente desejamos enxergar! Para o espírito não existem limites; a sua percepção se expandiu a ponto de interpenetrar uma dimensão acima da que estavas sintonizado.

Nessas horas, fico totalmente calado, tentando refletir sobre as palavras que esses irmãos de luz nos passam, sinto até imensa dificuldade em entender parte delas, e principalmente, na sua integridade. O interessante é que fico dias, até semanas com estas lembranças na mente, refletindo acerca dessas palavras.

Isaléu, então, disse-me que estava na hora de eu retornar ao corpo físico. Naquele instante, fiquei como criança que se lamenta pelo fim da festa de aniversário. Ramatís, de longe, através dos pensamentos, despediu-se de mim com uma grande energia, muito mais forte que um próprio abraço dado:

– Vai, meu irmão, e comece a escrever, sem se importar com as dificuldades que se apresentarem; receba-nos com a mesma humildade que temos em passar as informações para os livros que virão. Não esqueças que sempre estaremos contigo nesta caminhada! Paz e Luz!

Fiquei imensamente emocionado com aquelas palavras. Isaléu abraçou-me e pediu para que sintonizasse para a volta ao corpo físico. Antes disso, olhei pela última vez aquele salão, aquelas pessoas ali, e principalmente o irmão iluminado que realmente impressiona pela estirpe espiritual e postura fraternal, que transmitia grande sabedoria.

Permaneci por alguns segundos olhando quando fui interrompido pelos pensamentos de Isaléu, que estava novamente pedindo a mentalização na volta. Imediatamente, mentalizei meu corpo físico e como se fosse tragado em milésimos de segundo estava em meu corpo com rápido despertamento, olhei no relógio, eram 4:30 horas da madrugada. Aquele silêncio da noite contrastava com a minha mente inquieta com todas aquelas informações. Com certeza, o tempo que fiquei em desdobramento era muito maior que aquele transcorrido pelo tempo físico. Voltei a dormir, em um sono, naquele momento, bem tranquilo e relaxante.

Capítulo 2

Universalismo Crístico

Deus coloca em todos os seus pontos de criação ferramentas para a ascensão dos seus filhos, sob o exercício do amor e a instrução sob forma de aprendizado. Os espíritos encarnantes não provêm de um mesmo portal de migração planetário, esses migram de vários pontos do universo, de várias escolas evolutivas.

Sendo assim, o vosso orbe possui um portal multidimensional de grande dinamismo, com ligação contínua entre as mais variadas correntes energéticas do universo. O planeta Terra vivencia a todo instante a entrada e a saída de espíritos dos mais diversificados graus de evolução, desde os que precisam de mais aprendizado até os de maior estirpe espiritual, na missão de auxiliar a evolução coletiva da humanidade.

Este mecanismo ocorre há milênios, muito antes da chegada dos povos que comporiam a Atlântida e a Lemúria, desde a formação da primeira raça humana. Os espíritos que chegam ao planeta Terra são principalmente exilados de outros pontos do cosmos, que devido à sua ignorância moral, foram forçados a viver em mundos inferiores, para recomeçar no aprendizado. O universo evolui constantemente, de modo que, para aqueles que o aprendizado foi suficiente, nas diversas provas e experiências, passam naturalmente a degraus mais elevados, e para aqueles que ainda não o conseguiram, retomam o aprendizado em planos inferiores.

O espírito traz consigo o aprendizado inerente à energia de sintonia que seguia em seu planeta de origem, com linhas de aprendizados específicos, com o conhecimento baseado no intelecto-mental, moral e nas vivências realizadas nesses planos.

No momento que encarna no novo orbe, o espírito não deleta de sua essência o que adquiriu anteriormente. Mesmo com o "esquecimento" na carne, no subconsciente, permanece toda a bagagem adquirida nos planetas que precederam. Essas lembranças manifestam-se sutilmente no espírito encarnado, principalmente acompanhadas sob os sintomas da revolta e do desconforto com o ambiente em que vive. O espírito sente imensa nostalgia e, inconscientemente, afloram saudades de uma situação que não compreende, mesmo sem saber quando, onde e como isso ocorre.

Atualmente, a humanidade já passou por sucessivas experiências na matéria. Por meio dessas vivências, em grande parte em caráter probatório, a dor fez-se necessária como instrumento de aprendizado, mostrando que o caminho do amor é a chave para a redenção e a felicidade do espírito. As guerras, descobertas, perdas, frustrações, construtivismos, desafetos e busca de ideais, são acompanhadas de muito perto pelo Pai Maior, e ele no seu infinito amor e misericórdia envia espíritos de elevada estirpe espiritual para auxiliar o homem em sua caminhada. Sob a luz do Criador, vieram em missão de amor ao vosso mundo espíritos tais quais: Kaléu, Antúlio, Hermes Trismegisto, Zoroastro, Platão, Pitágoras, Gautama Buda, Francisco de Assis, Akhenaton, Allan Kardec, Zoroastro, Fo-Hi, Moisés, Maomé, Krishna, Confúcio e o sublime Jesus. Esses irmãos deixaram seus legados sob ensinamentos de alcance magnífico, cada um de acordo com a sintonia e a capacidade de compreensão de determinado povo, buscando a melhor forma de assimilação das verdades espirituais.

Os ensinamentos desses abnegados irmãos prevalecem em grande sabedoria até os dias atuais, pois a essência dessas mensagens, provenientes do Oriente e do Ocidente planetário, mostram o caminho de união com o Criador, com ênfase no amor como propósito de vida, o respeito ao próximo, o exercício da caridade, a busca da evolução na máxima de "fazer o bem ao seu irmão, assim como almejas que seja feito a si próprio".

A busca das verdades do Alto não é possível de ser alcançada em somente uma corrente religiosa, pois Deus colocou sob os homens vários caminhos, com várias correntes de aprendizado espiritual, justamente para os espíritos ligados a este orbe buscarem, nas suas sucessivas encarnações, o aprendizado de acordo com a sua melhor forma de assimilação. Cada corrente religiosa possui um elo com as demais, unindo todas na imensa corrente de luz.

Passados séculos e milênios, o homem cego de espírito, alimentado pelo ego e pelos prazeres fugazes da matéria, fechou as portas para a união religiosa, emperrando a evolução da humanidade de modo contundente, através de suas guerras fratricidas, na deprimente busca da vitória do "seu Deus vencendo o Deus do inimigo". Sob esta ignorância, buscou-se a glória e o poder de um Cristo alimentado sob o esteriótipo de um Jesus galopante com a sua cruzada sangrenta, sustentado pela ganância de poder e controle da Igreja. Desse mesmo apego, alimentou-se a impermeabilidade, a aceitação do povo judeu, que não soube reconhecer o seu rei chegado nas vestes da humildade e da tolerância, moldando as palavras de Moisés aos seus interesses mundanos. Dessa mesma visão inflexível, formou-se a intolerância religiosa no Oriente com as suas guerras denominadas "santas", com enfoque obscuro no poder político-religioso dos seus governantes.

Porém, toda essa conduta antifraterna está com os dias contados, pois tudo no universo tende à unificação, isto é, à lei imutável do Criador; mais cedo ou mais tarde tudo tende a retornar à origem universal. E a Era Aquariana trará o novo modelo de unificação dessas correntes. Sob a luz divina será exaltada a fé das igrejas no magnífico evangelho de Jesus com as leis mosaicas do Judaísmo, buscando a complementação das verdades da imortalidade da alma e das leis da encarnação deixadas nos postulados de Allan Kardec no espiritismo, e por sua vez, o espiritismo entenderá que espíritas e espiritualistas não possuem diferenças, que a Umbanda trabalha diretamente em sintonia com essas com os seus caboclos e pretos-velhos, que a Teosofia mostrará a visão acima do estereótipo "Terra" da Espiritualidade, com a doutrina secreta de Madame Blavatsky, aliados aos ensinamentos dos valores imortais da alma com o Budismo e o Hinduísmo, com a grande contribuição da verdadeira busca do "eu interior" através da meditação, do respeito à natureza e com o controle da "mente" sobre o "corpo", e finalmente com os valores islâmicos sintetizados no alcorão vindo de perfeito encontro aos ensinamentos do evangelho do Cristo.

Com a união de pensamentos e com os corações voltados em um único intuito de buscar a Deus, nascerá uma única corrente de amor e fraternidade, chamada de universalismo crístico, com o novo homem possuindo pleno entendimento, que as religiões são um meio de se aproximar de Deus e não de Deus se aproximar delas. Esse homem terá plena consciência do seu papel como espírito, e reconhecendo na sua essência divina a fortaleza para o progresso da humanidade terrena.

Devido à letargia espiritual do homem, atualmente, fazem-se necessárias mudanças que estão acima de quaisquer interesses mundanos da humanidade, sendo que esta será forçada a profundas revisões de seus conceitos, com as últimas chances conferidas aos espíritos brutos de coração e cegos de espírito, assim também com a chegada de espíritos mais elevados que já estão encarnando em todos os pontos do orbe, estimulando pensamentos altruístas, fraternos, tolerantes, conciliadores e unificadores, o que antagoniza com os pensamentos atuais de segregação.

A humanidade chegou a um patamar de alienação espiritual alarmante, e por desrespeito a si própria, aos outros e ao planeta, faz-se necessária a intervenção divina. O planeta chegou ao seu limite de capacidade de reciclar tão forte carga deletéria, proveniente de guerras, fome, desrespeito, descaso com o meio ambiente e desregramentos das mais diversas ordens.

É chegado o tempo da separação do "joio e do trigo", em que permanecerão somente os bons e puros de coração, que aceitam do seu interior que o amor prospere em suas vidas, com pensamentos no coletivo, no bem-estar da humanidade. A hora é chegada, o momento de despertar da dormência espiritual é chegado, o tempo esgotou-se, e a humanidade precisa avançar.

Ramatís

Perguntas do médium

Pergunta: *Em sua aparição a este médium, mostrando este trabalho a ser realizado, sua entidade deixou claro que este trabalho e os posteriores serão enfocados no universalismo. Gostaríamos de saber o porquê deste trabalho.*

Ramatís: Este trabalho não é de cunho inovador, ele vem em complemento a outros trabalhos realizados anteriormente. A expressão universalismo crístico faz-se mais forte agora, pela necessidade de mostrar à humanidade que o propósito do "lado de cá" está acima de qualquer corrente religiosa, assim como todos nós espíritos encarnados ou desencarnados. E é preciso preparar a Terra para a Era Aquariana, que não terá homens presos a dogmas religiosos de nenhuma maneira, mas sim ligados pela fraternidade e em uma única linha de luz.

Pergunta: *Mesmo com o alcance de suas mensagens ao público, cada vez mais abrangentes, muitos espíritas afirmam que sua entidade é espiritualista, não podendo ter sintonia com a doutrina deixada por Allan Kardec. Outros afirmam que sua essência provém da Umbanda e sendo que outros afirmam que sua entidade pertence a correntes mais orientais. O que dizeis?*

Ramatís: Novamente afirmamos, não pertencemos a nenhuma corrente espiritual em específico. O participar deste ou daquele trabalho não nos prende a nenhum deles. O homem precisa acordar para a realidade maior, de que o espírito pertence ao cosmos universal, sem rótulos ou agremiações. Com certeza, trabalhamos na Umbanda, mostrando-a como uma grande corrente espiritual com um campo de aprendizado fértil para o espírito, que auxiliará muito os homens para a Nova Era, estando ao lado das demais correntes espirituais. Também atuamos nas casas espíritas mesmo, às vezes, contra a vontade dos dirigentes, que além de não nos enxergarem, enxergam menos ainda o orgulho e o apego aos seus conceitos, dificultando de grande modo os trabalhos da Espiritualidade, sendo nas seções de desobsessão, passes, e nas mesas mediúnicas, vinculando a doutrina de Kardec a um paradoxo terrível, que é a ortodoxia. Atuamos onde a Espiritualidade Maior acha importante, onde houver a necessidade de esclarecimentos, pois como já dissemos anteriormente, a Nova Era terá por base a união de pensamentos, de crenças, de propósitos envoltos na prática do bem.

Pergunta: *Mas, muitas pessoas afirmam que sua entidade provém de uma corrente oriental, aparecendo quase sempre trajando indumentárias hindus e cercada de princípios espirituais oriundos do Oriente. Isso não dificulta a sua afirmativa de entidade espiritual com cunho universalista?*

Ramatís: Fazemo-nos visíveis na ideoplastia hindu pela encarnação que foi no continente asiático, e como forma de propiciar mais interação com aqueles que estiveram conosco encarnados nessa passagem. A nossa presença com esta conformação sintoniza, de forma mais contundente, os médiuns que utilizamos, pois esses se familiarizam com tal ideoplastia. Outro motivo é o proposital intuito de mostrar ao Ocidente a grandiosa contribuição das correntes espirituais do Oriente, mostrando que as religiões cristãs necessitam da interação e da sabedoria das religiões orientais, e vice-versa. Nosso propósito é justamente o de trazer aos homens o questionamento sobre os seus preconceitos, apegos e ideias pré-concebidas. No momento que esse homem passar a questionar o seu modo de viver, a sua relação com o próximo e o seu papel na vida, estará credenciado a caminhar evolutivamente. E não aparecemos somente nessa ideoplastia, dependendo da ocasião e energia adotada em um trabalho, mostramo-nos rotineiramente aos olhos dos umbandistas com uma conformação de caboclo ou preto-velho, aparecemos com as indumentárias e conformação física provinda na época de nossa estada na Atlântida, mostramo-nos tais quais monges, egípcios ou com caráter ocidental em muitas reuniões espíritas, até mesmo para sermos bem mais aceitos. O importante é aparecermos àquele que nos recebe, da melhor maneira, para que ele se sinta à vontade com nossa energia para estabelecermos sintonia apropriada nos trabalhos espirituais.

Pergunta: *Em suas obras anteriores, principalmente as primeiras psicografadas pelo médium Hercílio Maes, fica bem nítida a linha universalista mencionada por sua entidade, trazendo assuntos inovadores e que esclarecem muitos pontos obscuros sobre a natureza do espírito, mostrando inclusive como isso é tratado nas diversas religiões. O que dizeis a respeito?*

Ramatís: Propusemo-nos a realizar este trabalho no final do século passado, justamente para trazer aos homens a semente para germinar em cada um o senso de união crística que será o perfil do homem da Nova Era. Naquele instante, iniciava um trabalho de grande dificuldade: o de fazer o homem repensar sobre os seus dogmas, preconceitos, sectarismos e comodismo espiritual enraizado, no final do milênio. A humanidade prende-se às religiões igual à propriedade e pensa tornar-se detentor da verdade a partir dessas. Cega-se nos dogmas impostos de suas doutrinas, que não permitem questionar nada à sua volta, mas sim aceitar a tudo de qualquer maneira, sob a pena de sofrer castigos de um Deus intolerante com sua insubmissão. Já é a hora de acordar desse torpor e sentir esse Deus em seu coração, tendo ele dentro de si, mostrando o caminho para o homem de bem, tolerante com as diferenças, compreensivo com a ignorância e ser instrumento de amor na caridade, estando este propósito acima de qualquer religião.

Pergunta: *Existem questionamentos sobre esta linha universalista, de que somente sob suas mensagens e dos irmãos da fraternidade da Cruz e do Triângulo é que estas são passadas. Não seria mais fácil transmitir esta mensagem universal, se mais entidades espirituais trabalhassem nesta linha?*

Ramatís: Como afirmamos anteriormente, não somos pioneiros neste trabalho e tampouco estamos isolados neste intuito. Milênios atrás, abnegados irmãos trouxeram ao mundo essa mensagem. O esoterismo do Oriente com Krishnamurthi há milênios já trazia esta mensagem de união; Zoroastro mostrou aos persas que o homem é um complemento de um todo no universo; Hermes Trismegisto trouxe às margens do Nilo, com o universo trabalhando em conjunto e do conjunto chegar a Deus; Akhenaton e sua mensagem de um único Deus; Aton, com o propósito de unificar os povos sob uma só corrente divina; Buda, mostrando a integração desse homem com ele mesmo, deixando em seu legado a universalidade e o respeito a todas as formas de vida, tendo os mesmos direitos como filhos de Deus; Saint Germain, presente no mundo em momentos de grande intolerância e sectarismo, com sublime tom conciliador, mostrou que o caminho era a união das consciências, acima de qualquer propósito terreno; Francisco de Assis, em missão de absoluta renúncia, mostrou à Igreja e aos homens o Jesus que amava a todos, sem julgar se era rico, pobre, árabe, católico, homem ou animal; e o inigualável Jesus, que em momento algum em sua estada terrena manifestou opção por religião alguma, que fundou o propósito de unir todos os homens em um rebanho de um só pastor. É preciso que o homem veja que todas essas mensagens estavam envergadas na união crística. Os homens, com as vestes da arrogância e do orgulho, sempre se fecharam para os propósitos universalistas, enxergando somente o que lhes convém para a sua comodidade no plano material.

Pergunta: *Mas qual o principal fator que desencadeará a mudança da humanidade para o universalismo mencionado por vossa entidade, ou melhor, onde está o caminho para o homem chegar a essa união?*

Ramatís: Sem dúvida, a essência universalista está no amor, este é o combustível que move o espírito, que transforma o ser embrutecido no anjo, que desperta a consciência de seu papel no universo, que permite a evolução do espírito. O amor nunca separa, o amor não julga, ele une os irmãos em sua essência divina. O fazer o bem ao próximo como gostarias que fosse feito a você mesmo.

Pergunta: *Poderia ser mais claro, mediante a este amor que unirá a todos em um mesmo ideal?*

Ramatís: O homem em seu aprendizado vai lapidando gradativamente o seu íntimo, suas emoções, seus sentimentos em relação ao próximo e a si mesmo. Em estágio inicial, o amor manifesta-se como forma de poder, de tutela. O ser amado precisa ser protegido por quem o ama, então se ama protegendo-o da maldade vindoura de seus semelhantes, do ambiente hostil que vive. Esta forma de amar é exercida através do domínio, da superproteção, que aos poucos vai libertando o sentimento verdadeiro de amor, tirando as amarras do instinto pela sobrevivência. A libertação chega quando o homem entende que aquele ser que ele ama é um espírito como ele em aprendizado, que precisa buscá-lo, com seus próprios pés e mãos. Ele, finalmente, entende que amar não é possuir, e que este possuir nada mais é que o apego por ele próprio, na sua ignorância de dominar.Esse amor, altruísta e desprovido de apegos, é o que comportará os espíritos eleitos da Nova Era, pois o homem do novo milênio não precisará estar apegado a nenhum dogma, preconceito, crença, tradição, para se valer de ser superior ou dominador. O domínio será o da consciência na igualdade e na fraternidade entre os povos.

Pergunta: *Em vossas colocações, fica bem claro que no futuro todas as correntes religiosas e filosóficas seguirão uma mesma linha de raciocínio, que levará à união dos homens a Deus por um único caminho, porém sabemos que cada espírito possui um adiantamento espiritual diferente, possuindo interpretações e entendimentos próprios de tudo que interage ao nosso redor. Mediante estas* *colocações, parece um pouco complicado de entender esta única corrente de entendimento espiritual. O que dizeis a respeito?*

Ramatís: Nós da Espiritualidade entendemos essa dificuldade de assimilação dos homens, mediante as afirmações aparentemente "utópicas" que fazemos a respeito da união crística dos cidadãos da Nova Era. Mas, lembrem-se que estão encarnando espíritos de estirpe mais elevada, já eleitos para os tempos de mais prosperidade, a ponto de, mesmo tendo diferenças de entendimento espiritual (pois cada espírito é um em absoluto) já possuem a consolidação da fraternidade, altruísmo e capacidade de união em torno de um projeto maior, que é o bem-estar geral da humanidade. Com certeza, para os espíritos atualmente encarnados, o universalismo crístico é utópico mesmo, pois ainda enxergam com os olhos do egoísmo e do desprezo pelos demais. O homem ainda não sabe viver em sociedade, vive ainda se digladiando em busca da imposição da sua verdade sobre os demais! Fala muito mais do que escuta e enxerga apenas aquilo que lhe convém. Já os eleitos da Nova Era implantarão facilmente a união crística, pois anseiam, acima de tudo, pelo desenvolvimento da humanidade e reconhecem que Deus está acima de qualquer dogma religioso.

Pergunta: *Recebemos da Espiritualidade várias informações de que muitos espíritos com a missão de aproximar as religiões não conseguiram chegar aos seus 'postos' na liderança das principais religiões, devido às obstruções geradas pelos sistemas dogmáticos e conservadores, tendo os seus interesses acima dos interesses do alto. Cremos, que para mudar esse estágio de distância entre as correntes religiosas, irmãos espiritualizados e com propósitos unificadores e fraternos, precisam chegar aos cargos mais elevados de cada religião. O que tens a dizer?*

Ramatís: Para a aproximação dessas religiões será fundamental que os seus líderes promovam tais mudanças. Porém, como falamos anteriormente, o estágio letárgico em que vive a humanidade jamais permitirá sequer a chegada desses irmãos reformadores ao comando das religiões. Até pela postura universalista e tolerante desses espíritos, despertaria a relutância em aceitar novas ideias dentro das correntes religiosas. Muitos irmãos chegam com essa missão, e muitos foram excomungados, julgados e condenados pelas ideias renovadoras e progressistas, e mesmo os que conseguiram chegar ao poder pouco fizeram, devido à incapacidade de governar e interagir com os demais que compunham as decisões dos rumos de sua religião. Isso ocorre muito dentro da Igreja Católica, o berço do Cristianismo, que mediante a ameaça eminente de perderem os seus privilégios, rapidamente, encontraram meios de afastar tais inovadores, ou "hereges que iam contra os interesses de Deus". Muitos padres foram excomungados do Vaticano por tais tentativas de renovação, como os idealizadores da Teologia da Libertação, movimento iniciado na América Latina, que tinha por propósito trazer a Igreja para mais perto das necessidades do povo, vivenciando aquilo que Jesus pregou há mais de 2 mil anos, mostrar que a Igreja poderia chegar muito mais perto do sofredor, agir verdadeiramente no cumprimento do seu papel na Terra. Porém, mediante a possibilidade de questionamento sobre o acúmulo de riquezas do Vaticano, do papel do Papa de líder atuante e peregrino no mundo dos miseráveis, prefere ser cultuado tal qual um santo vivo e símbolo eclesiástico. Embora muitos dentro do Vaticano, mesmo sabendo da necessidade de atualização da Igreja, perante a realidade do mundo hoje, não aceitam algumas leis espirituais: a da reencarnação, a lei de ação e reação, como também as práticas de caridade, e, conservam o comodismo que garante o poder ilusório e pecaminoso. O mesmo ocorre dentro das casas espíritas, com dirigentes que há décadas interpretam os postulados de Kardec com o mesmo conservadorismo, sem atualizações, fechando-se dentro de dogmas criados por eles próprios para manter o status e a posição dentro da casa. Com isso, ceifam as ideias progressistas daqueles que chegam com o propósito de manter a doutrina dos espíritos dinâmica e atualizada com o progresso moral, científico e espiritual da humanidade. Desse modo, as casas espíritas literalmente fecham as portas para as novas instruções da Espiritualidade, proclamando-se os detentores da verdade dos codificados do Espiritismo. Porém, já estão encarnando espíritos esclarecidos que promoverão essa renovação, que com muito trabalho e esclarecimento se farão entender pelos demais, mostrarão que o caminho para a paz e a felicidade entre todos está na união das ideias e na convergência de forças em busca das verdades divinas, e dessa maneira, irão alavancar o progresso da humanidade.

Capítulo 3

Os tempos atuais

É chegado o instante do acordar da humanidade. Milênios se passaram, chegando o momento da renovação do planeta. Esta renovação transcorrerá sob vários aspectos. Para que o padrão vibracional eleve-se, será necessário o expurgo das energias deletérias provindas do baixo cunho espiritual dos habitantes terrenos. Estes aspectos compreenderão desde as formações geológicas, parâmetros atmosféricos, composição de tempo e espaço.

Mediante as transformações da passagem para a Nova Era, é fundamental ao espírito encarnante buscar dentro de si a Força Divina, como a chave para o ingresso neste novo patamar planetário que se aproxima. Infelizmente, ainda se faz necessária a utilização da dor como instrumento de aprendizado, para aqueles que ainda conservam a brutalidade e a rigidez nos sentimentos, impuros de coração e insensíveis de alma.

Os tempos são chegados, a natureza pede auxílio, o planeta pede para respirar e sentir novamente a energia do cosmos, da fraternidade e do amor! Diante deste quadro preocupante, o que faz o homem? Divide cada vez mais, fecha-se cada vez mais, busca unicamente no materialismo a sua fortaleza e a sua satisfação pessoal. Amarga ilusão! Mal sabe que essa fortaleza é mais frágil que uma casa de palha, que a qualquer momento o sopro da verdade e da ordem divina colocará tudo abaixo, caindo todos os falsos escudos, as vestimentas convenientes da matéria, ficando somente este homem de pé, constrangido e despido de qualquer traje ilusório, ficará nu perante ele mesmo, e verá o quanto ele foi oco, superficial e infeliz em suas escolhas terrenas. No momento da busca da sabedoria, fixou-se somente na palavra, que muitas vezes separou, matou, iludiu, posicionou a indiferença frente aos demais. Este homem cultuou os seus templos de orgulho, dogmas, preconceitos. Deixou de lado o Cristo que mostra o verdadeiro caminho. Buscou por prazeres na carne, e somente na carne, o alívio fugaz e momentâneo, deixando à margem do desprezo e do esquecimento a sua essência espiritual. Colocou sob sua ciência o conceito de ser um espírito abrigando um corpo, ao invés deste corpo ser a involução momentânea de um espírito imortal. Sem este entendimento, condicionou a ciência terrena a progredir mais lentamente, muitas vezes dando voltas no mesmo lugar, com a extrema intoxicação por drogas pesadas, tratando o corpo somente na casca, que tão e somente reflete a doença que se origina no espírito. Este homem não soube identificar o que é "causa" e "consequência".

Ramatís

Perguntas do médium

Pergunta: *A respeito das afirmações de que uma nova etapa se iniciará em nosso planeta, com espíritos elevados encarnando gradativamente com o intuito de auxiliar esta mudança, notamos que o mundo apresenta um aparente agravamento, com crimes bárbaros, doenças epidêmicas, uma massiva presença do materialismo no cotidiano das pessoas, envolto a guerras e conflitos religiosos, isso sem falar nos desastres ambientais. Com as suas afirmações sobre a regeneração gradativa deste mundo, não parece um pouco contraditório?*

Ramatís: O homem nos últimos milênios avançou quanto à tecnologia e conhecimento, porém muito pouco avançou moralmente. Podemos dizer que aquele homem das cavernas apenas melhorou as suas armas, mas ainda persiste na luta pelo território com o seu irmão, busca supremacia sobre os demais, pela imposição étnica, econômica ou cultural. Continua com a mesma mente egoísta, suplantada pelo ego e o domínio pela força. O amor deixado como exemplo pelos avatares pouco se faz valer em seu coração. A figura de Buda ou de Jesus é figura retórica para a maioria dos homens, colocada muitas vezes até como fictícia de um mundo de fantasia que sequer existiu. Sempre nos principais períodos evolutivos do planeta, o Plano Espiritual trouxe à matéria espíritos elevados para reviver estas mensagens e exemplos, porém a partir do final do século passado intensificou-se este trabalho, com a vinda de espíritos voltados para auxiliar na transição para a Era de Aquário. Como o pai ama a todos da mesma maneira na sua magnânima justiça, também fornece a chance aos espíritos embrutecidos de buscarem a redenção. O atual período da humanidade está sendo de mudanças, e toda mudança é de difícil assimilação para o espírito em aprendizado, a relutância em não largar as vestimentas do "homem velho" é grande, e acentua conflitos. O atual estágio terreno, intensificado com a chegada do astro intruso, interage com a energia dos espíritos do orbe, e estas vibrações fazem aflorar o que cada espírito tem e que realmente vive em seu interior. Aqueles que possuem a maldade, o ódio, a inveja, a intolerância, se mostrarão exatamente assim, e os que já possuem o amor, como caminho de evolução em seu interior, se mostrarão aos demais como o ponto de apoio, com a sua bondade de ajudar, unir, consolar, mostrar o caminho. Este começo de milênio será marcado como o momento do "cair das máscaras", esta é uma das funções do astro que em breve passará pelo planeta. Desta maneira, é inevitável o desconforto e até o agravamento nas atividades humanas, pois tudo que é "podre" está sendo colocado para fora, está vindo, será mostrado.

Pergunta*: Mas com todos estes acontecimentos ruins que são mostrados diariamente no mundo, na política, guerras intermináveis, catástrofes de toda a ordem, a intolerância, falta de fraternidade entre as pessoas e os povos, parece muito difícil manter a vibração positiva, com até a aparente 'fuga da realidade', tendo que desligar o televisor, evitar certos lugares públicos, buscar as pessoas com a mesma vibração, parece muitas vezes insustentável a busca do equilíbrio espiritual, o que dizeis?*

Ramatís: O sublime Jesus vos deixou isso bem claro há dois mil anos em sua grandiosa missão: "A ninguém é dado o fardo maior do que se possa realmente levar". Suas palavras foram claras, todo o espírito encarnado traz consigo uma carga cármica inerente às suas passagens nas vivências da matéria, e todo este torpor acentuado atualmente faz parte deste aprendizado. Quando o espírito está prestes a encarnar, no seu cronograma existencial está contido todo o suporte emocional, mental-espiritual para saber lidar com as provas que virão. As situações, por piores que sejam, são reversíveis, por mais traumática que venha a ser a experiência na carne. O que ocorre ao encarnar é que o homem deixa-se levar pela ilusão do material, busca somente o que é de seu interesse mundano, afunda-se no seu ego deletério, aprisiona-se no egoísmo, esquece que o "nós" é muito maior que o seu "eu". Este homem perde a noção do que o rodeia, busca alívios aos seus desequilíbrios em shoppings demasiadamente consumistas, tendo a natureza ao lado esquecida, pronta para supri-lo de vida. Adere a uma religião muito mais para obter "status" social, ao invés de utilizá-la como seu alimento para o espírito. Busca ser o melhor profissional, a custos pouco lícitos, com excessos que extrapolam qualquer conduta cristã, a ponto de deixar a família em segundo plano, e aí formam-se as máscaras. Tudo é feito para "aparentar" e não "ser" realmente. Jesus deixou o maior manual para a humanidade, o evangelho. Se todos colocassem este embaixo do braço e o vivenciasse, garantimos que a humanidade estaria imersa em uma vibração muito superior à vibração atual. No que se refere à busca pela melhor sintonia, não vemos esta como "fuga da realidade", os que estão fugindo da realidade são exatamente estes que vivem na alienação espiritual, cultuando a matéria e vivendo de seus prazeres fugazes. Já os povos antigos mencionavam este fato com a expressão "maia" ou "ilusão da matéria", com o espírito encarnando e não cumprindo o seu proposto, agravando mais as suas faltas.

***Pergunta**: Então, esta busca pela fuga das vibrações ruins do mundo atual é um dos caminhos para o equilíbrio espiritual do dia a dia?*

Ramatís: Julgamos esta fuga válida em parte. Todo o equilíbrio do universo é baseado no bom-senso, e o equilíbrio não está nos extremos de qualquer ato. Buscar as pessoas que compactuam da mesma sintonia cristã, dos mesmos ideais, voltados aos valores do espírito, sem preconceitos ou intolerância, sim, agora viver enclausurado nestes grupos como uma "redoma de vidro", não. Se fosse assim, não precisariam estar encarnados os que buscassem esta forma de viver. É preciso unir forças, fortalecer o espírito, para sair para o "campo de batalha" que é levar a ajuda a todos que precisam, com a caridade sendo o seu principal propósito. O espírito somente regenera suas faltas no perdão, na prática do amor, na renúncia de seus interesses exclusivos, na empatia pelo próximo. E tampouco adianta se fechar em casa e apenas desligar o televisor, não sabendo de nada que ocorre ao seu redor. Lembre-se que a instrução é uma das bases da evolução, isto foi deixado muito bem claro por Allan Kardec nas obras básicas da Doutrina Espírita, com os mandamentos do "instruir-vos" sempre.

Pergunta*: Pelo que quereis dizer, a instrução pedida por Kardec não estava restrita somente às suas obras ou a assuntos voltados ao espírito?*

Ramatís: Perfeitamente. Como posso agir da melhor maneira se eu não conheço os problemas ao meu redor? Quando o espírito desce à matéria, o aprendizado não se faz somente através das experiências espirituais, como são colocadas na vossa óptica de ver. Para poder evoluir perante tantas adversidades impostas, é necessário conhecer estas adversidades, buscar a causa dos problemas. É preciso libertar a mente de preconceitos, dogmas, alienação. O maior dos males que afeta o espírito é a ignorância. Tudo que o homem não conhece, ele julga, impõe conceitos e preconceitos. Jesus já dizia: "Conheceis a verdade e ela vos libertará", mas antes de buscar a libertação pela verdade é preciso verdadeiramente conhecê-la.

Pergunta*: Já ouvimos em preleções espiritualistas e de alguns espíritas que argumentam que é necessária esta disparidade entre ricos e pobres, através das desigualdades, com poucos ostentando muita riqueza e muitos vivendo na mais absoluta miséria. Argumentam os estudiosos e oradores que este seria um modo de resgate das dívidas através da ação do carma. O que dizeis a respeito?*

Ramatís: A Terra, sendo ainda um mundo de provas e expiações, abriga através do mental atrasado e pouco evoluído dos espíritos que nela habitam, diversas formas de provações. Deus em sua magnânima justiça e sabedoria controla com perfeição todos os mecanismos que trilham os caminhos do aprendizado das dezenas de bilhões de espíritos que estão neste planeta. A miséria absoluta dos povos, principalmente dos países pertencentes ao chamado "terceiro mundo" é uma das consequências das ações destes espíritos no coletivo, quando no passado encarnatório semearam a ganância, as guerras, a miséria, a dominação a qualquer custo, sobre os seus demais irmãos. Porém, Deus, como misericordioso e perfeito em seu amor universal, sempre disponibiliza a possibilidade de resgate do espírito endividado, da sua centelha divina, que está temporariamente adormecida. Em uma visão mais ampla do cenário atual da realidade vivenciada no planeta, os espíritos que encarnam com a possibilidade de acumular riquezas e destas usufruírem, estão perante provação maior ainda, pois como disse o iluminado Jesus: "Muito será cobrado daqueles que receberem mais". Será que os homens que possuem as riquezas terrenas e acúmulos de "privilégios" estão realmente com a missão de utilizarem estas para benefício próprio, com incontáveis irmãos sem as mínimas condições materiais de sobrevivência batendo à sua porta? Tudo, mas tudo mesmo que acumulamos e recebemos nesta infinita trajetória do progresso espiritual deve ser compartilhado. Isto é uma lei universal do amor! O grande estudioso somente passa a ser sábio quando aplica os seus conhecimentos, isto é, divide o amor que recebe de Deus, seja este vindo das mais diversas fontes, da sua mãe, do seu colega, nas suas orações. Tudo deve ser repassado àqueles que estão sedentos deste amor! Imaginem então, este homem, materialmente falando! Aquele que possui a consciência crística viva dentro de si jamais se omitirá de partilhar aquilo que possui. O espírito quando encarna, muitas vezes esquece de seu principal papel na matéria. Muitas vezes imagina que veio para "aproveitar" a vida, grande engano, pois o seu principal intuito como espírito é "viver" a vida, amando ao próximo, sem distinção de raça, cor, credo. Deve trabalhar dentro dele próprio as suas imperfeições e falhas que ainda não foram ajustadas nas suas diversas experiências. O maior exemplo deste amor foi a entrega de iluminados espíritos que vieram à Terra em missão para propagar este amor: Francisco de Assis, que nasceu em berço de ouro, envolto ao fascínio da sociedade rica da Itália, abnegou de tudo e distribuiu sua riqueza aos pobres e doentes. Gautama Buda, nascido na realeza, negou toda a riqueza material e exposição vantajosa de seu reino, para ser mensageiro das verdadeiras riquezas do espírito; entre tantos outros que se manifestaram através do amor incondicional à humanidade.

O homem possui todas as chaves para a sua regeneração, prova maior está na disparidade de riquezas materiais no planeta. Se a humanidade adotasse os valores fraternos e abolisse os seus valores egoístas não haveria uma pessoa sequer passando fome, ou marginalizada na sociedade. Este modo de ver a situação humana, com apreço às justificativas de que é preciso haver tais desigualdades, além de ser uma posição nada cristã, pertence a um discurso comodista, não engajado e comprometido com a sua evolução. É muito similar ao discurso de que "eu fiz por merecer, eu trabalhei para chegar aonde cheguei, ele não!" Devido a esta mentalidade que está aderida ao coletivo das mentes é que o mundo tanto sofre, com suas desigualdades absurdas e mesquinhas. Repetimos mais uma vez, o homem tem tudo em suas mãos para buscar a iluminação, não o faz por puro comodismo, acomodação ao sistema materializado de suas mentes ainda afastadas da realidade!

Pergunta: *Mas, todas estas disparidades e acomodação em progredir não é fruto natural do nosso estágio evolutivo? Não faz parte das nossas limitações?*

Ramatís: Até quando viverão com estas desculpas? Este é um dos artifícios daqueles que não querem trabalhar pelo seu próprio progresso. Se continuarem a pensar de tal maneira, ficarão estacionados na preguiça e descaso consigo mesmos. Aos olhos do Plano Superior, a atual humanidade já dispõe de todos os caminhos para a ascensão. Já vieram diversos avatares que se fizeram entender pelo exemplo do amor e de Deus sendo o único caminho. O espírito limita-se quando não tem ainda as informações necessárias para o crescimento espiritual, o que não é o caso do homem do século atual. Todas as chances de aprimoramento foram dadas, e o que se fez para melhorar? Continuam as guerras, o racismo, a intolerância, o egoísmo, as imposições religiosas. Este homem de hoje deu as costas a tudo que veio ajudá-lo. Falta consciência e sobra comodismo para a humanidade, que não faz nada além de olhar para os seus interesses mundanos. Desta maneira, é inevitável que migrem para mundos que comportem este tipo de pensamento pobre, pois em breve a Terra não abrigará mais este tipo de mentalidade anticristã.

Pergunta: *Pelas suas afirmações, concluímos que a humanidade atualmente está muito aquém de suas atribuições espirituais, no que diz respeito à evolução, através da moralidade, conhecimento e tecnologia.*

Ramatís: O atual estágio evolutivo dos homens está muito longe do programado pelos engenheiros siderais como estimativa. O orgulho, egoísmo, inveja, intolerância e falta de espírito fraterno, atrasaram de modo significativo a caminhada do homem contemporâneo. A falta de fraternidade e empatia, o egoísmo em reter os conhecimentos científicos, filosóficos e espirituais, para manter uma falsa hegemonia no mundo corpóreo. O homem pensa única e primeiramente nos seus problemas, objetivos e anseios, para depois, e se ainda o fizer, pensar nos problemas do coletivo. A busca desenfreada pela riqueza, status profissional, posição social, hegemonia tecnológica e científica conservam, sob portas fechadas, as curas das mais diversas doenças que assolam a humanidade, enriquecendo primeiramente as indústrias de medicamentos e biomédicas. Continuam a utilizar por imposição a energia suja e poluidora do petróleo, mantendo cartéis que monopolizam os setores energéticos das nações, não se importando com a imensa carga poluidora despejada diariamente no planeta, sufocando o ar atmosférico com gases nocivos ao meio ambiente e a todo o ecossistema terrestre. Em contrapartida, reprime-se as pesquisas com energia limpa, provindas da reciclagem de materiais dispostos no próprio meio ambiente e só liberam tais tecnologias em grande escala, quando obtiverem certeza do lucro mercadológico. A ciência moderna, que veio como instrumento para alavancar a evolução humana, fica à mercê dos interesses mundanos dos governantes e grupos hegemônicos que controlam a sociedade, manipulando--a conforme as suas necessidades de poder. Com isso, a ciência caminha a passos curtos. O mesmo ocorre com os governantes que ainda utilizam os métodos de manipulação popular do "pão e circo", que incute na população a pobreza de cultura, com inexpressivos investimentos em educação para manter o domínio através da ignorância e assim jamais serem questionados nos processos eleitorais. O mesmo ocorre nos meios de comunicação, que não diferentemente dos outros segmentos, busca a lucratividade a todo o custo, salientando a todo o instante o sensacionalismo de assuntos importantes para a sociedade, enaltece a luxúria nos programas de horário nobre, distorce os fatos nos segmentos políticos e sociais para atender aos seus interesses escusos. O mesmo ocorre com as religiões, que buscam o mesmo objetivo de poder, deixando em segundo plano o esclarecimento espiritual aos seus seguidores, mantendo a filosofia do não questionamento, para manter os fiéis sobre o seu controle, garantindo assim o seu lugar de destaque permanente na sociedade. E deste modo, é montado o sistema perverso que acomoda o homem, com figuras como a do papai Noel sendo mais popular e admirada pelas crianças do que o verdadeiro protagonista, que mostrou o caminho verdadeiro da felicidade em seu natal. E o que dizer do sistema que coloca uma população inteira na mesma sintonia, pouco produtiva ao espírito, através dos televisores, que ao invés de instruir, tornou-se a maior máquina hipnotizadora já inventada. Com isso, deixa-se de conviver mais com a família, conversar com os filhos, pois existe naquele horário de lazer o filme de ação, a partida de futebol, o programa sensacionalista que especula a vida alheia e instiga a discórdia. Todo este eficiente sistema de alienação mostra que são muito mais interessantes e atrativos os "realities-show" deprimentes, que nada acrescentam ao intelecto humano, do que uma boa leitura que informa e realmente enriquece o espírito. Com isso, o homem se autocondiciona a não se informar, por conseguinte, deixa de questionar à sua maneira de viver, seus valores, sua tarefa na sociedade. Infelizmente, este é o perfil da grande maioria da população da Terra: alienados espiritualmente, pouco intuitivos, muito instintivos, materialistas ao extremo, pobres de espírito e ricos de orgulho, vaidade e egoísmo. Podemos afirmar que jamais, em nenhum momento desde a criação deste orbe, houve tanto atraso moral e comodismo espiritual como nos tempos atuais. Nunca o planeta esteve tão ameaçado no seu equilíbrio como agora. Se este homem tivesse absorvido verdadeiramente as mensagens do maior exemplo de amor, que foi Jesus, a humanidade já teria alcançado estágio superior ao atual, no ano 300 depois do nascimento do Nazareno, sem as desigualdades sociais e a pobreza vivenciada nos dias atuais.

Pergunta: *Mas, como se dará esta transição, em relação ao modo de viver das pessoas e estes efeitos sobre o planeta Terra?*

Ramatís: Como toda a mudança, tudo ocorrerá de forma lenta e gradativa, porém neste atual estágio, o processo regenerativo já se encontra em avançada etapa. As pessoas nunca sentiram tanta necessidade de buscar algo que amenize seus sofrimentos, que as completem. Buscam por uma religião ou filosofia de vida que as façam ficar mais próximas daquilo que elas próprias viraram as costas nas últimas eras. Sentem em seu âmago a vontade e a necessidade de melhorar, de fazer algo que tange às necessidades do espírito. Ao mesmo tempo, aqueles espíritos ainda ignorantes na escala espiritual, sentem de modo inconsciente a chegada do fim se sua estadia neste orbe, intuitivamente, sente o desconforto que tende muitas vezes ao desespero, alimentando mais ainda os seus sentimentos de ira, revolta, maldade, desencadeando os seus mais profundos instintos animalescos. Aglomeram-se em grupos, sintonizam-se mais à esquerda do Cristo e potencializam a maldade e o lado obscuro das sombras. Com isso, intensificam-se os assassinatos, a barbárie, aumento de atitudes sectárias, intensificação do racismo, a intolerância étnica e religiosa. O aproximar do astro intruso focaliza, nestes espíritos, o desespero e a revolta de não poderem lutar contra a ordem da luz, a força do progresso. Até o último instante, estarão abertos os portais multidimensionais para estes irmãos ainda tão distantes da luz. O pai, como ama a todos de maneira absolutamente igual, permite a chance da redenção até o último instante dos seus filhos neste planeta. Com isso, ocorrerá de modo mais evidente a polarização das forças no planeta, de um lado os alinhados com a busca do bem, utilizando os instrumentos da caridade, da prece, da busca da reforma interior, a brandura de espírito, e de outro, a maldade, animalidade e instinto primitivo daqueles que não souberam assimilar os ensinamentos superiores. Assim, como muitos espíritos terão a sua última chance de redenção, outros espíritos de elevada estirpe espiritual estarão encarnando como missão de auxiliar o progresso humano. Estarão envolvidos no auxílio da propagação da paz, das ideias progressistas, imbuídos da bandeira do amor ao próximo. Por isso, haverá muitos confrontos, muita luta, que infelizmente, se faz necessária, pois para o homem ainda o melhor remédio para curar os seus males é o da dor, como instrumento de aprendizado do imaturo de espírito e vazio de amor.

Pergunta: *Mas, e as catástrofes climáticas, mudanças atmosféricas e todos os desastres previstos pela chegada do astro? Poderia nos falar mais a esse respeito?*

Ramatís: Preferimos não entrar neste campo de raciocínio. Todas as catástrofes climáticas e destemperos que virão são consequências da falta de fraternidade e consciência humana. Julgamos, que todas as mensagens já passadas aos homens a esse respeito, sejam suficientes para alertar sobre a necessidade de revisão de seus conceitos morais. Porém, o homem, ao invés de assimilar estas informações como mais um fator que reforce a busca de sua reforma íntima moral-espiritual, parte para o campo do sensacionalismo, fatalismo, catastrofismo apocalíptico. Preferimos nesta obra, como nas demais que serão psicografadas por este médium, mostrar ao homem que é possível regenerar a si próprio, buscar o entendimento na luz do amor, na caridade, no desprendimento. É tempo deste homem cansado de tanto andar em círculos de sofrimento, eclodir em si aquilo que há de mais bonito, a sua centelha divina, que lhe alinha ao caminho da luz, da paz, do equilíbrio interno, da felicidade. O homem sofre, justamente porque se fecha internamente, fecha os seus olhos para o seu interior, vive em abandono consigo mesmo, afasta-se de Deus, vivendo no seu egoísmo. Esta é a pior das catástrofes, a sua autocondenação, devido ao ego exacerbado, que enegrece a alma e petrifica o coração. Os dias mais difíceis que virão, são frutos desta imaturidade. Mas voltamos a repetir, em nenhum instante o homem estará privado de sua regeneração, basta centrar-se realmente na busca sincera pelo seu aperfeiçoamento espiritual.

Pergunta: *Mas, do nosso ponto de vista, achamos muito difícil para a humanidade buscar tal regeneração, tendo uma sociedade cada vez mais condicionada ao materialismo, conflitos morais e afastamento dos valores espirituais. O que dizeis a respeito?*

Ramatís: A mudança sempre é interna, isto é, ocorre de dentro para fora, da unidade ao todo e não do externo para o interno. Este é o maior problema do homem contemporâneo, a busca por mudanças sempre é esperada que venha de fora (dos governantes, líderes religiosos, políticos, líderes comunitários, pensadores, líderes sociais) do que a busca real de melhorar a si próprio. É uma visão muito comodista, que transfere sempre a responsabilidade para os demais, nunca para ele próprio. O homem sempre espera que alguém dê o exemplo, que mude o que muitas vezes somente ele próprio pode mudar. Se este homem se propuser a ser um instrumento de mudança (perguntando-se: "o que eu posso fazer para melhorar o que está ao meu redor?") com certeza ele começará a mudar a si próprio, depois servirá de exemplo para os seus amigos e familiares, logo estes familiares também passarão as suas ideias e atitudes elevadas para os demais membros de sua rua, logo passará desta rua para o bairro e assim se propaga a corrente da luz, tudo de modo lento e gradativo, mas de bases sólidas! Eis o equívoco humano! Esperam por milagres de fora, de onde muitas vezes só existe a maré suja do mental coletivo, subordinado aos prazeres materiais. Se Paulo de Tarso tivesse esperado por tal milagre alheio, jamais teria conseguido a sua redenção junto a Deus, pois o que o fez se iluminar foi a sua força interior, de buscar o caminho do bem dentro dele, eclodir a luz que habita em todos os filhos de Deus. O que o fez ser Paulo foi acreditar na sua voz interior, a voz divina: que lhe dizia: "Vem comigo!".

Pergunta: *Por meio de suas afirmações, concluímos que todos aqui encarnados, mesmo com a pior das provações e inclinações* *inferiores, podem buscar esta regeneração e evitar assim o expurgo para mundos inferiores. Seria isso?*

Ramatís: Repetimos. Não é dado a ninguém um fardo maior do que se possa carregar. Por pior que sejam as adversidades, provações, infelicidades, com certeza, sempre estarão ali estendidas as mãos de Deus para levantá-lo. Quando o homem se fortalece na fé, na esperança e na persistência, as adversidades desfazem-se com a mesma intensidade de força. O que está faltando ao homem é justamente esta fé, que nada mais é do que a confiança no plano divino, tão exemplificada por Jesus em sua vinda missionária à carne, e nele está o maior exemplo de superação, na prova da crucificação, no desrespeito sofrido, na injustiça recebida, e que em momento algum o fez fraquejar em sua fé em Deus. Nesta fé absoluta está o maior exemplo de que o homem pode reverter qualquer dificuldade enfrentada.

Pergunta: *De acordo com o que falaste, parece ainda muito difícil de ser alcançado, sendo encarado isso na prática das provas do dia a dia.*

Ramatís: Sabemos das dificuldades inerentes aos espíritos que estão em aprendizado na matéria. Poucos neste orbe, atualmente, estão no patamar de herdar a Nova Era Aquariana. Porém, voltamos a salientar, que se o homem procurar realmente investir em sua reforma espiritual, colocando a prática do amor como objetivo de vida, certamente sairá da mesmice que o acomoda, se buscar a instrução e a prática dos postulados cristãos estará galgando a sua entrada na civilização da Nova Era. Se não fosse desta maneira, já estariam expurgados definitivamente aqueles que se negam a seguir o caminho da luz.

Pergunta: *Suas afirmações são muito esperançosas e de cunho profundo, porém sabendo de todas estas conturbações atuais, desentendimentos sociais, dificuldades do homem em buscar o seu lado* *espiritual, muito agarrado ainda ao mundo materialista, a busca da luz interior parece um pouco difícil de se entender e praticar. Poderia ser mais específico quanto a essa busca da iluminação para o progresso espiritual?*

Ramatís: Compreendemos a dificuldade do entendimento humano sobre a regeneração espiritual que a humanidade irá ingressar. De fato, poucos estão aptos ainda para viver na Nova Era planetária. Atualmente, menos de 1/3 da população está neste patamar, e seguindo este ritmo, com a continuidade da letargia espiritual, a decadência dos valores morais da sociedade, o culto à cultura de baixo nível intelectual e espiritual, pouco mudaria. Porém, não existem determinismos, nem neste orbe, nem em nenhum ponto do universo. Estas estimativas são traçadas através dos chamados Engenheiros Siderais, responsáveis pelo planeta, baseados nos registros akáshicos de todos os espíritos que estão vinculados energeticamente ao planeta. A partir destes registros, estabelecem-se estimativas quanto ao progresso de cada espírito, conhecendo-se integralmente os seus declínios, virtudes, dificuldades e talentos já adquiridos. Estas estimativas são sintetizadas a toda a coletividade do orbe, formulando uma equação matemática complexa, ainda longe do entendimento da ciência humana. Porém, dentro desta equação sideral, existe uma variável, que altera significativamente os resultados das ações deste espírito em projeção: o livre-arbítrio. O homem dispondo da escolha, abre a possibilidade de através do seu esforço em melhorar moralmente, com o alinhamento com os valores crísticos, ativa a sua centelha divina, interligando-se com o verdadeiro "eu", reiniciando assim a sua caminhada progressiva na busca da iluminação espiritual. Neste instante, a sua equação evolutiva individual se altera, mudando assim a sua projeção futura de progresso espiritual. E mesmo com este ínfimo resultado espiritual, altera-se também a projeção do coletivo da humanidade.

Por isso, que julgamos não conveniente a estipulação de datas aos acontecimentos decorrentes à aproximação do astro intruso. Como a questão de tempo e espaço são determinantes, somente aos encarnados neste planeta, o que não existe nos padrões no "lado de cá", fica difícil estipular datas para tais acontecimentos. Foi o que ocorreu com as mensagens nossas passadas ao livro *Mensagens do Astral*. Naquela época, do século passado, a projeção dos Engenheiros Siderais para a passagem do astro estava indicada para em torno do ano 2000, o que estava correto, porém, devido às mudanças nas variáveis mencionadas anteriormente, alterou-se automaticamente esta projeção para os padrões de tempo e espaço terrenos. Porém, dentro da dinâmica equação planetária terrestre, está estipulada uma data limite para a transição para a Nova Era, e isso podemos garantir, que não está distante de ocorrer.

Pergunta: *Pelo que mencionaste agora, entendemos então que a vinda do astro, como o seu deslocamento e velocidade, está condicionada às vibrações emanadas do nosso planeta?*

Ramatís: O astro desloca-se dentro desta equação universal, baseada integralmente na captação energética do espaço a que este se dispõe a percorrer no universo. Mas lembramos que o homem não está sozinho no universo, logo o vosso orbe não sendo o "centro do universo", não depende só da emanação energética do planeta Terra, a atração do astro higienizador. Centenas de milhares de outros planetas estão interligados energeticamente a este astro, pois ele não higieniza somente o vosso orbe. Deste modo, todas as energias emanadas destes planetas é que ditam o ritmo da passagem do astro, mas repetimos, dentro desta variação de possibilidades, existe um prazo que está se esgotando para a sua passagem.

Pergunta: *Entendemos que destes milhares de outros planetas que interagem com o astro higienizador, nem todos possuem o mesmo patamar evolutivo que o nosso. Logo, não estão vibracionalmente* *enquadrados como de "provas e expiações". Como exemplo, citamos o nosso sistema solar, que excluindo o planeta terra, todos os demais possuem padrão elevado. Estamos corretos em afirmar isso?*

Ramatís: Exatamente. O astro intruso não é nada mais que um grande veículo transportador de energia, e espírito é energia. O astro funciona como um imenso "ônibus intergalático", que carrega e descarrega milhões de espíritos das mais diversas proveniências, de acordo com a afinidade energética. Estes espíritos vão desembarcando naqueles planetas com o qual o seu padrão moral-espiritual possui afinidade.

Pergunta: *Mas, e os planetas avançados vibracionalmente, isto é, os que possuem uma civilização fraterna, evoluída moralmente, qual é a sua interação do astro com estes?*

Ramatís: Muitos dos espíritos destes mundos mais avançados credenciam-se a auxiliar nos planos mais inferiores. Nestes planetas mais evoluídos, são formados grupos de auxílio, que com a passagem do astro, estes são deslocados para planetas inferiores em missão de amor ao próximo. Também prestam auxílio no próprio astro os exilados dos planetas onde não souberam conviver de modo pacífico e fraterno.

Pergunta: *E estes planetas mais avançados recebem também espíritos?*

Ramatís: Muito raramente. Estes planetas não comportam mais a energia grosseira e material como as que compõem o planeta Terra. Alguns planetas, como os de padrão vibracional semelhante ao que a humanidade herdará na Nova Era, poderão receber espíritos que habitarão corpos mais densos materialmente e desprovidos de uma ampla atividade intelectual. Para tentar fazer uma analogia com as condições atuais de vosso planeta, seria como se a civilização atual recebesse tais espíritos encarnados em animais mais rudimentares.

Pergunta: *Mediante todo o atraso moral vivenciado pela humanidade atual, com extrema dificuldade de aceitação e conscientização dos valores espirituais, ofuscado pelo culto exagerado aos valores materiais, lado a lado com a intolerância e com sentimentos anticristãos, quais são as suas considerações sobre a melhor maneira de lidar com todas estas adversidades no dia a dia, na busca do nosso aprimoramento espiritual?*

Ramatís: Sabemos da imensa dificuldade que o homem enfrenta nos dias atuais, fruto da imaturidade espiritual de hoje e de débitos passados. Todas estas adversidades fazem parte de um processo natural para os espíritos que galgam os degraus para a luz. Deus na sua infinita justiça e misericórdia tem pleno controle do universo, e na sua magnânima onipresença e onipotência jamais deixa de agir com integral igualdade com todas as suas criaturas. Em sua sabedoria plena, fornece aos seus filhos sempre o melhor método de aprendizado. Concede a possibilidade de resgate das dívidas cármicas pretéritas, possibilita a reconciliação com o inimigo com a benção da união dentro da família, mostrando através do amor a saída para as suas aflições. Ao mesmo tempo, permite a interação de espíritos superiores, em pleno acesso aos mais necessitados, apresenta a todo o instante o despertar da consciência crística, sendo pela dor, pela instrução, pelo estudo, pelas experiências com os demais irmãos. Mas em todos estes exemplos, sem dúvida, todas as possibilidades de buscar a iluminação passam pelo amor. É ele que move o espírito, na sua verdadeira essência, linguagem universal, manifestação maior de Deus para os seus filhos! A prática do amor desfaz qualquer doença espiritual, regenera os corações dilacerados pelos equívocos da caminhada. E a melhor maneira de praticar este amor é doando-se, verdadeiramente, esquecendo o seu "eu" em detrimento do "nós", no anseio do próximo, de levar a caridade àqueles que mais necessitam. E meus irmãos, a Terra é um excelente campo de trabalho, com infinitas possibilidades de auxílio aos necessitados. E dentro desta conduta, colocamos a todos a maneira mais fácil e o caminho mais curto para alcançar a prática deste verdadeiro amor: "Seja o exemplo!", acima de qualquer condição, busque em si aquilo que gostarias que fosse exemplificado no outro. A mudança sempre parte do interior, vem de nós mesmos, não está fora! Jesus, em toda a sua iluminada obra celestial foi acima de tudo o maior exemplo do que estava pregando em seu evangelho. Vivenciamos o progresso espiritual, no momento que exemplificamos realmente aquilo que aprendemos e almejamos para a construção de um mundo melhor! A energia do bem é infinitamente superior às energias do mal. O que ocorre atualmente na humanidade é a descomunal força negativa gerada, pois como mencionamos antes são poucos os eleitos para a Era Aquariana atualmente. O que ocorre é que o mal propaga a notícia muito mais rápido. O que é a chamada notícia "quente" para os extravagantes e pouco informativos meios de comunicação. O bem não é notícia para dar altos picos de audiência para a população. Exemplificamos esta afirmação: a notícia de que foi cometido um homicídio que vitimou 3 pessoas e a segunda de que Jesus está entre vós, vos abençoando e protegendo. Com certeza, a primeira desperta muito mais a atenção do que a segunda, que passa como uma mera passagem religiosa. Este é o cenário atual, o bem existe e muitos espíritos elevados engajados no projeto da Nova Era estão trabalhando, porém infelizmente, estes exemplos não têm destaque e lugar dentro dos telejornais e no cotidiano das pessoas, pois todas estão imantadas no subconsciente pelo negativismo e pelos espetáculos do catastrofismo humano.

Pergunta: *Dentro do que foi mencionado neste capítulo, vossa entidade ressalta sempre a possibilidade de regeneração dos espíritos que ainda não estão eleitos para o ingresso na Nova Era planetária. Como fechamento deste capítulo, gostaria de relatar algo mais a respeito desse assunto?*

Ramatís: A possibilidade de redenção espiritual está eternamente viva em vossos corações. Basta realmente querer isso. Nós da Espiritualidade acreditamos no sucesso deste homem estereotipado de "anjo caído", pois mesmo estando caído, ele ainda é anjo! Fornecemos as ferramentas para lapidação deste diamante bruto, mas a lapidação deve ser feita exclusivamente por cada um, responsável por este diamante. Usem o livre- arbítrio para mudar esta realidade, que na verdade não passa de uma mera e triste ilusão! Quando o espírito tem ciência de suas capacidades e realmente deseja voltar à luz de seu pai, não existe força nenhuma que o faça fracassar, pois a sua fé e determinação transpõem qualquer barreira, pois a sua luz está alinhada à luz divina! Não existem determinismos, o que existe é este Deus dentro de cada um, querendo se manifestar e iluminar os caminhos da humanidade. E a todo o instante, todo momento é momento de recomeçar, não importando quantas vezes fracasse, são os persistentes que formarão os eleitos da Nova Era! Somente este despertar do espírito, buscando em si quais as limitações devem ser trabalhadas, e o verdadeiro desejo de melhorar, dia após dia, sistematicamente, com fé e determinação já é uma credencial para o ingresso neste novo mundo!

Capítulo 3

A libertação da Mente

O homem, sendo um espírito criado à imagem e semelhança de Deus, possui todos os atributos necessários para alcançar a evolução espiritual. Tendo como estrutura permanente, o seu espírito, compõe-se de uma energia muito complexa, agrupada sob subdivisões de diversificado arranjo energético.

Os nossos irmãos orientais já possuíam, de uma maneira mais detalhada, o estudo da unidade espiritual que compõe cada ser, dividindo o espírito em 7 arranjos energéticos ou os chamados 7 corpos espirituais: átmico, búdico, mental superior, mental inferior, corpo astral, corpo etérico e corpo material.

Desses corpos, os três primeiros são mais sutis, sendo chamados de "unidades imortais", ou seja, no decorrer das experiências corpóreas e aprendizado em dimensões mais densas, e com a lapidação do espírito na caminhada infinita da evolução, os corpos mais densos, como o físico primeiramente, etérico e astral vão se perdendo no decorrer da caminhada, não necessitando o espírito portar mais estas vestimentas. No caso do terrícola, este ainda possui os sete corpos devido ao seu estágio espiritual, que necessita de energia mais densa para se manter. No momento em que este espírito estiver apto a migrar para a quarta dimensão, sendo pela desencarnação ou pela elevação espiritual, ingressando para um mundo superior à Terra, ele deixa os corpos material e etérico automaticamente.

Quanto maior a amplitude de energia, menos densa ela se torna, pois o material fluídico, quanto mais energizado, mais vibrantes ficam os seus átomos. Podemos fazer uma analogia à molécula da água, que quando agrupada em baixas temperaturas torna-se coesa, constituindo um material denso que ocupa espaço, formando um aspecto grosseiro e intransponível, pesado, com energia estagnada. Ao ponto que se energiza estas moléculas, com o aumento da temperatura, estas moléculas tornam-se menos coesas, desprendem-se das demais, constituindo aspecto menos denso, mais maleável (estado líquido). Estas moléculas recebendo energia através da temperatura, com alto patamar energético que alcançam, desprendem-se mais ainda, com expansão de sua área, tornando-a mais leve e sutil. Com isso, estas moléculas podem deslocar-se no espaço, flutuando de modo sutil e leve, na forma de gás, elevando-se e interpenetrando de maneira mais eficiente no meio que está ficando desprovida da sua estagnação e aprimoramento da forma anterior em que se encontrava. Se formos levar este exemplo para o espírito, podemos afirmar que esta energia o liberta, sutiliza e o energiza, passando a patamares vibracionais maiores. É a energia divina manifestada através da sua consciência na prática do bem, no amor incondicional e no seu desenvolvimento espiritual, desapegando-se das necessidades impostas pela matéria. Toda esta energia divina que ilumina, liberta e transpõe as barreiras evolutivas do espírito, está depositada justamente nestes corpos que revestem cada ser.

Podemos notar que este "corpo grosseiro" que é transitório ao espírito é mais o veículo de manifestação do estágio atual do espírito em evolução. Estas são as consequências do que este espírito exercita em seu mental. Porém, o homem atual está totalmente aprisionado a este físico, o que era para ser somente o veículo de sua manifestação mental está sendo o comando a que este espírito se sujeita em todas as suas vontades, movido pelo instinto animalesco, às sensações fugazes e prazeres momentâneos do plano físico.

O homem escravizou-se em seu invólucro, cultuando a "aparência", em padrões estipulados para a aceitação na sociedade, colocando a estética como fator fundamental para o seu sucesso mundano. Ele abusa da alimentação e ingestão de iguarias, que desequilibram e destroem os seus corpos físicos, encharcam-se de álcool, cometendo todos os tipos de atrocidades, desmontando as suas famílias e a si próprio, entorpecem os corpos e mentes com drogas cada vez mais lesivas e destruidoras, montando um verdadeiro "mercado do mal", aprisionando principalmente os jovens, condenados à letargia, alienação e destruição de seus propósitos verdadeiros, sem falar do cigarro, remanescente da indústria da morte do século passado, que ainda continua com a mesma força destruidora, assim como prisão dos prazeres do sexo desregrado, estimulando a promiscuidade e a proliferação de doenças.

A mente é o poderoso dínamo que irradia incessantemente a manifestação do espírito. Esta emanação consiste na energia deste espírito atuante e sua interação com o universo. Estas emanações refletem o estágio de adiantamento espiritual de cada ser e é esta a base para o desenvolvimento do espírito. O homem, espírito imortal, não tem como "frear" esta manifestação, ela é contínua e inconsciente, este dínamo energético atuante opera como a manifestação inteiramente da energia infinita criada por Deus.

Do mesmo modo que a mente espiritual emana energia constantemente em forma de pensamentos, ela também serve como captadora destes mesmos. A mente espiritual serve como uma grande antena captadora de energia, que absorve os pensamentos de acordo com o estado vibracional energético em que o espírito esteja apresentando no momento.

É indispensável para o progresso espiritual do homem a disciplina e o exercício de suas mentes, sobretudo, promover a sua higienização diariamente, excluindo todos os pensamentos ruins, levianos, imorais, de baixa amplitude energética.

Atualmente, a humanidade sofre uma verdadeira hipnose em massa, sintonizada integralmente em uma frequência de baixo calão, de propósitos nada cristãos, que não refletem a verdadeira tarefa de buscar a integridade moral e o desenvolvimento do homem, espírito imortal, que busca a sua ascensão a estágios superiores.

Os irmãos oriundos das trevas e dos umbrais terráqueos utilizam-se muito deste mecanismo, do controle mental. Enfraquecem a mente humana, através das emanações do culto ao materialismo, ambição, individualismo. Sugerem constantemente a busca de prazeres ao corpo, pela sedução, erotismo, promiscuidade. Hipnotizam, tornando o homem escravo dos prazeres do corpo, impossibilitando este de realizar os trabalhos propostos para a sua evolução. É justamente este mental que orienta o homem em suas ações e vivências. Serve de bússola às suas ações, comportamentos, conduta moral e espiritual.

A Nova Era comportará espíritos disciplinados nas ações do mental, constituído principalmente de pensamentos altruístas, benfazejos, de conduta de elevada estirpe moral. Seus mentais estarão desprovidos dos pensamentos destrutivos, mesquinhos, de baixo teor moral que vemos hoje, da humanidade com pensamentos levianos, antifraternos e a contramão da conduta cristã não terá lugar na nova formação social terrestre que virá. Pelo descontrole e indisciplina de suas mentes, aprisionam-se nos sentimentos inferiores, como se estivessem hipnotizados constantemente por uma força que repele o espírito do caminho de Deus.

As chaves desta prisão estão no Evangelho de Cristo, o mais sublime tratado de conduta moral já implantado neste planeta. Com ele em mãos e suas sublimes mensagens sintetizadas na mente, abrem-se as possibilidades de ascensão e ampliam-se os horizontes do espírito. É preciso acordar deste torpor espiritual a tempo, pois esta trevosa hipnose assola toda a humanidade. Indispõe o homem a pensar, raciocinar, não permitindo caminhar na busca do caminho da felicidade. É preciso mover-se pelo esforço deste mental, tão atabalhoado de pensamentos e tendências negativas, que em nada refletem a vontade do Pai Maior.

É preciso ajustar a "antena" espiritual para as ondas que sintonizam no amor, na fé, tolerância, prosperidade, e desligar definitivamente este canal de ilusão que aprisiona, debilita e insensibiliza as ações espirituais do espírito encarnado. A educação da mente para fins benéficos vai desde a leitura de assuntos de elevação moral, conversas sadias e prósperas, até a identificação dos pensamentos levianos e negativos e, principalmente, praticar atividades que completem o homem em sua autoestima, desprendimento e força interior.

Perguntas do médium

Pergunta: *Vossa entidade ilustra neste capítulo a necessidade do homem de libertar a sua mente, sendo este o caminho para alavancar o seu progresso espiritual.*

Poderias entrar mais a fundo nas suas afirmativas referentes ao controle da mente?

Ramatís: A mente é o verdadeiro veículo do espírito. É ela que criva todas as energias desprendidas nas sensações, sentimentos e vivências do espírito em seu ambiente. Se esta mente estiver desequilibrada ou sem o exercício da disciplina de suas emanações, estará o espírito preso às suas acomodações e vícios, travando o seu caminhar.

Pergunta: *Mas, qual a melhor maneira de disciplinar este mental, tendo em vista toda esta onda de baixa sintonia, voltada à futilidade, apreço exagerado ao mundo material e práticas ainda instintivas da sociedade atual?*

Ramatís: Voltamos a repetir, não existem fórmulas mirabolantes ou receitas metódicas. Basta o espírito esforçar-se na prática do bem. Ações benfazejas, como praticar atividades filantrópicas, em prol da caridade e assistência aos que necessitam. Ocupar o tempo "vago" de ociosidade, com uma leitura sadia e edificadora, voltar seus pensamentos à construção de ideias que componham ações benfeitoras, repelir-se de atividades pouco edificantes, como ficar sentado à frente da TV contemplando programas de baixo calão educativo. Afastar-se das rodas de conversas em que o "tema principal" seja a maledicência que corrompe e difama. Promover um balanço diário consigo mesmo, identificando os seus pensamentos e ações durante o dia, e de maneira gradativa, procurar remediar as ações pouco benéficas e produtivas, policiando-se 24h por dia os seus pensamentos. De início, estas ações transparecem de modo impossível de serem realizadas, mas com a persistência e a disciplina, este mental começa a ser dominado, juntamente com o aumento de sua vibração provinda dessas ações benéficas.

Pergunta: *Este controle do mental concomitantemente com a elevação vibracional do espírito, ao longo deste exercício de melhoramento das ações, também começa a receber o auxílio dos espíritos bons, que através do refinamento dessa sintonia, passam a auxiliar de modo mais eficaz, estamos corretos?*

Ramatís: Exatamente! É neste ponto que reafirmamos que o homem começa a obter a sua libertação espiritual. Com o progresso de seu disciplinamento mental, o homem passa a ver o que antes não podia, pois estava com os olhos vendados pela sua ignorância. Quando se está na sintonia grosseira que atualmente assola o planeta, este homem movimenta-se no sentido da maré. Ele não nada com os seus braços e pernas, ele simplesmente é levado pela corrente, como uma marionete. No momento que ele sente que pode nadar por si só e que pode percorrer outro sentido abrem-se os horizontes e expande-se o seu mental, pois ele começa a estabelecer parâmetros ou referências da sua consciência, e o que antes era feito sem análise, passa a ser questionado, pois ele sente que as suas necessidades estão muito além dos seus horizontes, antes petrificados no seu comodismo que a "maré" do mundo material lhe apresentava. Quando o homem passa a vibrar melhor, automaticamente estabelece-se sintonia com a Espiritualidade Maior. São guias e espíritos benfeitores, que antes não tinham como lhe assistir, devido à sua cegueira e aprisionamento mental e que agora passam a lhe intuir progressivamente, com ideias benéficas, com fluidos confortantes, no reforço da fé, na persistência de suas ações. Com isso, este homem adquire confiança em si mesmo, e autoconfiante passa a enxergar Deus inserido nele mesmo e, assim, auxilia o próximo, promovendo modificações em seu meio, melhorando a si e aos outros, entendendo a máxima deixada por Jesus: "Reconheça o Deus em ti, pois também sois Deuses!".

Pergunta: *Então, podemos fazer uma analogia com este aumento da libertação da mente, através da disciplina do mental e a fé do homem nas suas potencialidades, com os livros de autoajuda, que vemos em grande quantidade nas livrarias, pois notamos que estes autores atribuem o sucesso do homem ao fortalecimento da autoestima, de acreditar em si mesmo e na persistência de seu trabalho. O que dizeis?*

Ramatís: Estes irmãos com certeza já são iniciados, através de experiências de vidas passadas, de que a canalização da mente nos seus objetivos faz com que se concretizem os seus desejos. Estes irmãos já alcançaram um domínio mental, a ponto de utilizar de suas palavras através dos livros, esta energia que consegue modificar aqueles leitores que captam as suas mensagens. O que não endossamos é a maneira com que muitos livros enfocam esta prosperidade, com objetivos sempre moldados para a realização material em primeiro plano, enfatizando em segunda opção os valores mais voltados ao espiritual, além de formalizar aos leitores que o homem pode tudo o que quiser, sem dar ênfase que existe acima dele todo um universo e um Deus que o criou e que tem domínio sobre tudo e todos.

Pergunta: *Mas, esta forma de abordar a questão de buscar o material como chave para o sucesso não é comum, esperado, tendo em vista um mundo ainda preso às tendências e forças do materialismo?*

Ramatís: Entendemos e respeitamos a condição de entendimento do homem atual. Porém, ressaltamos que mesmo este homem conseguindo êxito na sua vida, provindo da realização material como meta principal de vida, mesmo tendo saído de sua miséria material e tendo atingido a riqueza que almejava, se não modificou o seu coração e valores morais e enriquecedores do espírito, podemos afirmar com toda a certeza que este homem permanece na sua prisão mental, pois ainda não discerniu os verdadeiros valores a serem conquistados na sua estada terrena, pois espiritualmente pouco foi adquirido.

Pergunta: *O que notamos é que esse aprisionamento mental é muito mais complexo do que pensamos, pois não é somente no campo religioso ou material que o homem fica preso. Notamos a questão do cultivo das tradições, que no nosso sentido de ver, breca* *uma série de possibilidades de aprendizado para o homem, pois ele se apega aos seus costumes, vivifica todo o ano costumes de séculos atrás, além de se apegar a seu país, região, etnia, corrente política. O que tens a dizer?*

Ramatís: Estás correto em suas observações. Quando falamos em libertação da mente e da busca do homem em raciocinar por si próprio não é somente na questão religiosa e tampouco nas suas crenças do espírito. As práticas tradicionalistas inerentes aos povos e regiões do planeta também dificultam a ascensão do homem. Embora seja uma manifestação do que aquele determinado povo realiza de melhor ou buscou realizar, esta prática acaba muitas vezes brecando o desenvolvimento humano, isso em comparação com os demais povos que não vivenciam tais práticas. Com isto, dificulta-se a integração entre os povos, mesmo sabendo que não são todas as culturas que enxergam nesta ótica, mas a maioria ainda coloca as suas tradições como um ponto de orgulho e de vantagem sobre o seu vizinho. A civilização da Nova Era não cultuará mais este tipo de comportamento social, pois entenderá que os anseios do coletivo estarão acima dos individuais e que todos são cidadãos do universo e iguais perante Deus.

Pergunta: *Vossa entidade está afirmando, então, que haverá unificação dos costumes e etnias, estendendo-se muito além da união religiosa?*

Ramatís: A união dos povos que herdarão a Nova Era será na fraternidade e bem-estar global de toda a sociedade terrena. Muito das culturas e etnias que compõem a população terrena atualmente serão desfeitas ou reorganizadas, pois haverá no processo de transição planetária para a Nova Era a reorganização geológica do planeta, com o surgimento de novas estruturas sociais em decorrência destes. Ao encarnar, os espíritos comprometidos com o bem e com a honestidade, além da imensa vontade de construir um mundo igual e fraterno, sufocarão qualquer ação que tenda ao sectarismo ou atos egoístas. Os eleitos da Era de Aquário serão ligados pela sintonia do bem social, e este bem, com certeza, estará acima de qualquer etnia, culto ou credo.

Pergunta: *Pode nos falar, mais detalhadamente, como será esta sociedade que englobará as ações do homem eleito para a Nova Era?*

Ramatís: Falaremos sobre estes assuntos em capítulo específico, no decorrer desta obra.

Pergunta: *Poderia o irmão explanar mais acerca da questão do mental que rege o espírito e suas ações no cotidiano do homem atual?*

Ramatís: Como falamos anteriormente, o mental é a manifestação da energia viva que move o espírito imortal. Esta possui ação direta e constante sobre o espírito, este mental nunca para, nunca cessa, nunca termina. Este mental transporta sob forma energética o estado de vivência e da vontade do espírito, reflete os seus desejos, raciocínios e ações, é a entrada e saída, condutor das manifestações energéticas do ser, sendo a antena captadora e transmissora de pensamentos. No astral, o espírito estando fora do invólucro provisório da carne potencializa a ação de sua mente, constituindo assim o principal meio de comunicação com os espíritos, comunicação esta que é tão rápida que se for comparada aos padrões terrenos, poderíamos salientar que ela ocorre de modo quase instantâneo. Sendo este o canal de manifestação das vontades e ações do espírito, logo, através de suas emanações energéticas, se estabelece o seu padrão vibracional, possibilitando a este a identificação e assim a oportunidade da aproximação por afinidade por aqueles que também conservem tais energias no mesmo patamar. Mal sabe o homem do poder que ele possui nas ações da sua mente, assim como ele pode realizar feitos notáveis, como processos de cura e autocura pela energização através da prece, como também pode canalizar energias positivas ao seu proveito e dos demais, mas também pode tornar esta mente uma arma letal e destruidora. Toda esta "onda" de energias negativas que saturam o planeta, asfixiando os espíritos na sua luta pela ascensão, é decorrente do desajuste e utilização deste mental, ajustado para emanar com vibrações baixíssimas pelo egoísmo, ódio, avareza, ganância, preconceito, maledicência, medo, inveja, luxúria, materialismo, desamor, depressão, descaso, prepotência, orgulho, arrogância, entre tantas outras formas de manifestação. Imagine, somente uma pessoa no seu dia a dia, com as suas irritações, desgostos, fobias, intranquilidade, experimente ficar em um lugar pequeno e fechado com ela durante um dia. Com certeza, uma pessoa equilibrada teria imensa dificuldade de manter este equilíbrio no decorrer deste dia, devido à carga negativa emanada pela outra pessoa através do seu mental. Agora, multiplique esta força negativa por algumas unidades de bilhões e terá uma aproximada sensação da energia negativa que assola o planeta atualmente.

Pergunta: *Poderias falar mais um pouco deste efeito da energia emanada pelas mentes desajustadas da humanidade sobre o espírito ou corpo espiritual de um encarnado?*

Ramatís: Podemos exemplificar as respostas sob dois estereótipos espirituais. Primeiro a ação desta carga sobre uma pessoa voltada para a prática do bem, com princípios voltados para a fraternidade e a ética, que busca diariamente o conforto e o equilíbrio espiritual. Quando ela está em equilíbrio consigo mesma, os seus chacras trabalham em perfeita sintonia com os bons fluidos dispensados pelas esferas superiores. A energia deletéria não consegue penetrá-la, sequer consegue envolvê-la, pois a sua aura emanando fluidos positivos repele totalmente estas energias. Para os clarividentes é possível visualizar esta pessoa que chega em um meio infestada destas cargas deletérias, como se estivesse envolta em uma cápsula fluídica, uma redoma de luz, que afasta qualquer possibilidade de interação dessas forças ruins e, em muitos casos, estas energias vão sendo literalmente destruídas pela ação benfazeja da Luz. Deixamos bem claro que este espírito sente as emanações negativas, as detecta, porém não deixa esta força o desequilibrar, pelos motivos relatados anteriormente. Já se for um indivíduo com inclinações para o mal, esse mental trabalha como um sugador dessas energias ruins, sendo que essas ondas deletérias potencializam as ações negativas desse espírito, lhe permitindo ter mais coragem para as ações destrutivas. Seus chacras ficam em completo estado de colapso, os chacras frontal e coronário ficam totalmente inertes, travados, sem ação alguma; o plexo solar também sofre esse sufocamento e tampouco consegue girar. Já a energia do chacra básico inverte totalmente o seu movimento giratório, aumentando as ações e percepções desse indivíduo para as sensações animalescas e instintivas, com grande propensão desse espírito a agravar as suas ações anticristãs.

Pergunta: *Mas, essas ações inclinadas aos mundos inferiores não são potencializadas principalmente pelos espíritos obsessores?*

Ramatís: O maior obsessor do homem é ele mesmo, escravo do seu mental. O espírito obsessor só se aproxima e interage com ele quando o estágio, descrito acima, estiver concretizado. Lembre-se que o obsessor só atua sinergisticamente onde existe simbiose, isto é, com a permissão do obsediado, através da conexão estabelecida pelo mental desajustado e inclinado para as práticas inferiores.

Pergunta: *Mas, como se dá esta ação dos obsessores, estando por aliado a toda esta energia negativa em que se encontra o planeta? Poderia nos falar mais detalhadamente sobre as suas ações na obsessão?*

Ramatís: Este assunto é tão importante que trataremos dele em um capítulo inteiro, no decorrer deste trabalho.

Pergunta: *Ainda a respeito de seu exemplo de ação das energias perniciosas sobre o espírito, no primeiro exemplo citado. E, se esta pessoa voltada às ações do bem se desequilibrar, por descuido ou invigilância, como esse corpo espiritual se comporta ao contato com tais energias ruins?*

Ramatís: Esta situação acontece muito, com muita frequência em quase todos os espíritos encarnados que atuam voltados às ações de progresso espiritual, e consequentemente ao bem. São poucos os irmãos que conseguem permanecer "invioláveis" às ações dessas energias, pois os homens ainda possuem "brechas espirituais", como o orgulho, o medo, a ansiedade. Na situação desse homem já voltado para os princípios do bem e de conduta moral elevada, quando está em desequilíbrio, essas energias pesadas atacam principalmente o plexo solar, diminuindo a sua ação, juntamente com o desajuste do chacra coronário. A ação dessas energias para os clarividentes é a mesma de ter um ventilador, representando o chacra, e a energia ruim apresenta-se como um caldo negro viscoso e grudento, que quando jogado neste ventilador vai promover a interrupção ou dificultar o seu funcionamento. Com isso, dificulta-se a troca de energia e alimentação do espírito pelos fluidos puros vindos do prana cósmico e, consequentemente, literalmente ocorre o "sufocamento do espírito", muito parecido com uma intoxicação. Logo, o próprio espírito, que em sua essência vibra de maneira mais elevada devido às energias positivas, responde com a tentativa de expulsar essa carga de energia que não é mais compatível com a sua. Dessa forma, aumenta a força de pressão de funcionamento sobre os chacras e, estes estando temporariamente comprometidos, desencadeiam uma expulsão ou liberação de energia presa para o corpo material. Como esse não é o caminho correto para escoamento, sobrecarrega os órgãos materiais, principalmente o fígado, que é o órgão responsável pelo acúmulo de grande parte da energia deletéria materializada. Com isso, desencadeiam-se reações diretas no corpo, como tonturas, vômito e dor de cabeça, pois a energia prende-se diretamente à mente, e a principal porta de troca de energia positiva fica comprometida, pois o chacra coronário em mau funcionamento descarrega a energia materializando na circulação. Em consequência, extravasa-se os vasos sanguíneos provocando dores de cabeça, e isso ocorre muito rotineiramente, sendo a explicação dos grandes casos de enxaqueca que assolam grande parte da população.

Pergunta: *Por isso que as drogas analgésicas em muitos casos não possuem efeito para os diversos casos de enxaqueca e dores de cabeça, que em muitas pessoas passa a ser uma constante?*

Ramatís: Exatamente. Utilizando drogas analgésicas, só vai ter ação na parte corporal, atuará na consequência e não na causa. Pode-se tomar gramas e gramas de analgésicos, que sempre as dores voltarão, se o equilíbrio espiritual não for tratado. A ciência ainda chegará a um patamar de eficácia espetacular contra as doenças no dia que admitir que muitas das causas dessas doenças provêm do desequilíbrio do espírito, e que a ação no corpo é apenas a consequência deste.

Pergunta: *Dos problemas atuais que nossa humanidade presencia, notamos as mais diversas anomalias provindas do desequilíbrio espiritual do homem. A falta de fé e o distanciamento dos valores de coletividade. De todos estes fatores mencionados por vossa entidade, existe algum ou os mais importantes, que atua de maneira mais direta na humanidade?*

Ramatís: Todo o desequilíbrio humano provém da sua ignorância e descaso com os verdadeiros valores Crísticos. A falta de amor é o ponto chave, pois é esta a essência do espírito criado por Deus. Negar o amor ao próximo é negar o amor a si próprio e, consequentemente, negar amor a Deus. O propósito maior da Criação é o desenvolvimento do espírito pela sua capacidade de doar-se, permitir-se em prol daquele em situação desfavorável. O homem, em sua essência, foi criado para amar, é esta a razão pela qual a humanidade está reunida neste planeta. Quando o homem se fecha para o ato do amor, fecha-se para si próprio. Desta maneira, o homem criado para ser feliz e altruísta passa a não saber exatamente o seu propósito. Fechando-se na escuridão do orgulho, inveja, intolerância, deixa de se assistir e, mesmo com todo o aparente conforto proporcionado pelo material, passa a se sentir vazio. Dentro deste imenso vazio, ecoa seguidamente a sua voz interior, de socorro, provinda da necessidade de retomar a sua verdadeira trajetória. E esse homem não se reconhecendo mais, mediante a sua mutação insensível, passa a ter medo de si próprio, do mundo que o rodeia, das pessoas. Com isso, mediante as respostas que não aparecem, criam-se os fantasmas da depressão, solidão, esquizofrenia, síndrome do pânico e o profundo medo, medo de viver, progredir. Este é o espelho da situação da maioria da humanidade terrena. Um gigantesco torpor, doença que o mental desequilibrado gera e que impossibilita o espírito de progredir, sendo que nenhuma droga da ciência moderna consegue curar, nem amenizar os seus efeitos, porque a verdadeira cura está exatamente no "amai-vos uns aos outros".

Pergunta: *Poderias falar mais sobre o medo, que impossibilita o homem de caminhar e trabalhar na sua evolução espiritual?*

Ramatís: Todo homem que possui consciência de que existe algo muito maior que o ampara, que o ama, é um homem confiante. Por pior que sejam as suas provações terrenas, por mais difíceis de transpô-las, este homem persiste, pois sabe que possui a força necessária para ter êxito. Ele não busca as respostas em outro lugar, a não ser na sua fé e nos seus valores morais. Esse homem sentirá o melhor caminho para seguir, pois terá na intuição o seu guia, na presença dos seus guias espirituais. Já aquele que está distante dessa consciência, nas adversidades, fica sem rumo, sem a sua "bússola" esquecida que é o Evangelho de Jesus. Nesta situação é óbvio que, mediante os sinais que a vida lhe mostra constantemente para mudar seus atos, e pela falta dessa fé no superior, não terá nele a fortaleza maior e a esperança na sua superação. Sente-se como um órfão atirado no mundo, não reconhecendo o seu pai ao lado, devido à sua cegueira espiritual. Esse medo é antagonista direto da intuição, isto é, fecham-se as portas para o seu interlocutor interior, ficando como um barco sem rumo. Assim é o homem com medo, que bloqueia a mente e engessa o espírito.

Pergunta: *Voltando ao questionamento sobre esta capacidade do homem de iluminar-se no atual estágio do planeta, nos fica difícil imaginar essa mudança alterando os padrões vibracionais ao seu redor, devido a toda essa carga negativa. Poderia nos esclarecer melhor?*

Ramatís: A energia do bem é infinitamente superior às energias do mal. O que ocorre atualmente na humanidade é a descomunal força negativa gerada pelos espíritos encarnados e desencarnados, pois como mencionamos, são poucos ainda os eleitos para a Era Aquariana. O que ocorre é que o mal propagado é notícia muito mais "quente" para os extravagantes e deprimentes meios de comunicação que vos assistem. O bem não é notícia para dar o devido interesse para vós. Esse é o cenário atual, o bem existe, muitos espíritos elevados e engajados no projeto da Nova Era estão trabalhando, porém, esses exemplos não têm destaque e lugar dentro dos telejornais e no cotidiano das pessoas, todos estão imantados no subconsciente pelo negativismo e pelos espetáculos do catastrofismo humano. Para a sua pergunta ser respondida integralmente, damos dois exemplos que vos aconteceram e que foram inclusive notícia pelos meios de comunicação. O primeiro foi quando o Papa João Paulo II esteve no Brasil, mais especificamente na cidade do Rio de Janeiro. No dia de sua missa celebrada para o povo em um grande recinto público, não foi noticiado nenhum delito em uma das maiores favelas da cidade nesse dia. Outro exemplo foi o da pesquisa realizada em uma grande cidade dos Estados Unidos onde pesquisadores recrutaram um número de pessoas para vibrarem juntas, em um certo horário, pelo bem da cidade e das pessoas. Foi registrado naquele dia, pelo departamento de polícia da cidade, uma drástica redução na violência da cidade em termos de roubo, delitos, agressões. Isso demonstra o quanto é poderosa a energia do bem. Imaginem se o homem se engajasse em vibrar a maior parte do tempo nesse patamar? Com certeza, hoje estaria sofrendo menos, com um planeta muito melhor para se viver.

Pergunta: *Voltando às suas afirmações, de que o caminho para a humanidade eleger-se para a Nova Era é através do amor. Porém para nós, devido ao nosso estágio evolutivo, fica difícil entender essa busca do amor de que tanto mencionastes. Ainda na nossa ignorância existencial esse amor é muito relativo. Poderia ser mais específico, se possível, na abordagem de como buscarmos a melhor maneira de sermos melhores e mais fraternos?*

Ramatís: A humanidade que comportará a Nova Era será provida de uma grande capacidade de autoavaliação dos seus atos, no dia a dia, vendo o que foi feito de produtivo e os pontos fracos que podem ser melhorados. Cada um será o seu melhor psicólogo, porque terá ciência de seu assessoramento dos planos espirituais. E é isso o que falta ao homem de hoje. O homem só começará a amar verdadeiramente o seu próximo, quando conseguir amar verdadeiramente a si mesmo. E a melhor receita para esse sucesso que podemos passar é a busca da autoanálise desse homem no seu dia a dia – quando esse chegar à sua casa, depois de sua jornada, e tirar um tempo em silêncio só para ele, buscando a reflexão interior, do que fez de bem pelo seu próximo, o que fez de errado, o que pode ser melhorado, e buscar gradativamente e insistentemente por essa melhoria, deixar de esperar do outro pela mudança e ver o que ele pode fazer de bem, não se importando com o que vai receber. Essa é a etapa inicial do espírito aquariano: reflexão, ação, persistência, autoconhecimento.

Pergunta: *Chegando ao final deste capítulo. Quais são as suas considerações finais sobre este tema?*

Ramatís: A nossa principal mensagem para a humanidade é a necessidade de resgatar a sua força interior. Libertar a mente é dar espaço para a sua autoestima espiritual, resgatar em si o que há de mais bonito. Nossa mensagem final é: ame mais, julgue menos, abra a boca somente quando tiver certeza que as palavras que sairão dela serão úteis para quem a ouve e para si mesmo. Buscai entender o "porquê de estar aqui" e o que esperam de você. Existem muito mais possibilidades a serem vivenciadas, experimentadas por cada um de nós, do que a mesmice sistemática que o mundo material apresenta. Saiba sair dessa sintonia baixa; quando o conteúdo que passa na televisão não tiver proveito algum para você e sua família, desligue-a. Tire todos os dias um tempo para si próprio, somente para você, permaneça em silêncio consigo mesmo, para ouvir a sua voz interior, que lhe apresentará sempre ideias inovadoras e úteis para o seu melhoramento no dia a dia. Escute mais e fale menos. Deus não criou o homem com dois ouvidos e uma boca sem uma razão racional. Assim você saberá colocar as palavras de maneira mais proveitosa e sublime, e se instruirá muito mais com o que ouve. Quando for falar de alguém, antes de abrir a boca, respire fundo e pense bem se o que falará terá realmente importância para melhorar a situação de tal problema de seu próximo. Quando vier um pensamento ruim ou destrutivo, imediatamente pense naquilo que lhe faz bem e lhe acolhe. Lembre-se que pensamentos positivos são infinitamente mais fortes que os negativos. Ore, ore sempre, profundamente, com sinceridade e da maneira que lhe for mais confortável. Peça sempre, sempre que precisar da ajuda da Espiritualidade, este é o nosso principal papel com todos vocês. Faça da oração um hábito e uma necessidade vital ao espírito, assim como o alimento se faz ao corpo. Seja positivo, pense no bem, pois assim estará em sintonia com a Espiritualidade Maior e, principalmente, ame, ame muito a quem for, no momento que for perdoando o inimigo, tolerando a ignorância alheia, consolando o que chora, ensinando o que se sabe; aja, tome a iniciativa, não espere pelo próximo o que você pode fazer imediatamente, pois lembre-se que a maior prova de amor vivenciada neste planeta se fez através do seu exemplo, sem impor nada a ninguém. Jesus somente amou, amou de verdade. Seguindo esses passos, você estará libertando a sua mente, libertando seu espírito, aproximando-se mais de Deus.

Capítulo 4

A sintonia com as sombras

O atual momento planetário, envolto ainda nas vibrações inclinadas ao mal e ao culto exagerado ao materialismo, demonstra o triste cenário do abandono do terrícola aos valores centrados no espírito. Como a Terra é uma escola que abriga espíritos ainda pouco elevados espiritualmente, prevalece uma forte sintonia com irmãos que abdicaram de evoluir, centrando-se nos trabalhos voltados aos valores anticristãos. Estes espíritos atuantes das trevas, há muito tempo já prevalecem com suas práticas negativas neste orbe. Todos estão juntos neste planeta: encarnados, desencarnados voltados ao bem, desencarnados dos umbrais. Todos estão com a missão comum de resgate de faltas pretéritas, consolidação do aprendizado na caridade e nos valores do espírito.

Os umbrais controlam toda a energia de baixa vibração que imanta o planeta, atuando constantemente em uma relação de simbiose com os encarnados. Do mesmo modo que a humanidade evolui na ciência, na cultura, nas artes, nos valores da sociedade, os magos negros, que arquitetam e administram o lado das sombras também encontram subterfúgios para aprimorar os seus métodos de influência e dominação. Seus métodos de influenciação transpassam o que os homens mais cientes das verdades espirituais podem entender.

O que se sabe sobre obsessão, influenciação, dominação pelas entidades espirituais junto à vivência do homem, infelizmente já se encontra ultrapassado, ou melhor dizendo, desatualizado. Os aspectos mais peculiares da obsessão e da influenciação espiritual, relatada na literatura dos livros espirituais, principalmente nos livros espíritas, já em muitos casos não são mais utilizados pelos magos negros. Isso quando exemplificamos a ação das sombras na busca da interferência para com aqueles irmãos voltados às práticas do bem, ao assistencialismo, ou ao trabalho em seus centros religiosos.

Correntes espirituais, tal qual a espírita, que possui ampla e rica ferramenta de instrução através da literatura trazida pelos espíritos do Astral Superior, montou uma importante base moral por meio dos postulados de Alan Kardec,trazendo ao homem um acervo gigantesco de formas de proteção contra esses assédios das sombras, vinculados à conduta moral, administração do equilíbrio das vibrações através da prece. Isso sem falar do conhecimento dos planos inferiores, suas táticas e modo de atuação.

O que o homem bloqueou, e tem por maior "brecha" para a infiltração dessas entidades inteligentes, porém maléficas, dos umbrais, são as novas informações que precisam ser passadas pela Espiritualidade, que chegam constantemente do lado de cá.

Monitoramos, constantemente, as atividades do astral inferior. Observamos a todo instante as novas tecnologias empregadas, artimanhas, estudos dessas entidades, de modo a buscar a melhor performance nos seus objetivos escusos. Com essas informações, o Plano Superior faz o possível para alertar o terrícola da necessidade de proteção dessas investidas. O "vigiai e orai", tão proferido por Jesus em sua passagem terrena, nunca se fez tão necessário como neste momento.

O grande problema está na comunicação, ou na dificuldade de comunicação quanto a passar essas mensagens, devido à grande falta de instrução dos médiuns e trabalhadores das casas espíritas. Ideias vinculadas ao preconceito contra as demais correntes, principalmente a espiritualista, são um bom exemplo para isso. Os Mentores Espirituais realizam intensa e trabalhosa força para se aproximarem de seu médium, de primeiramente desfazer de seu plano mental as energias provindas do preconceito, das ideias fixas e rígidas, vinculadas à sua doutrina.

O Espiritualismo que se rotula tanto hoje, e que as alas mais conservadoras do Espiritismo fazem questão de separar da sua seara de trabalho, na visão do Plano Espiritual é a mera visão do próprio movimento espírita mais atualizado, na vanguarda espiritual do planeta. Simplesmente, os homens, devido aos seus apegos e deturpações com a doutrina que trouxe a luz do esclarecimento, separaram o que é uma corrente só. Apenas separaram por não saberem caminhar, negando o princípio básico deixado por Kardec, o da evolução constante, em todas as áreas da vida. Aqui está uma das maiores doenças espirituais que assola o homem moderno, com a atuação mais "sutil" e devastadora dos magos das sombras. O incutir através dessas "brechas" no plano mental, primeiro, que a doutrina espiritual que sustenta é a que detém a verdade absoluta, conferindo no inconsciente a ideia de superioridade moral, espiritual e religiosa sobre as demais correntes. Com isso, alimenta-se o orgulho, dia após dia, com o estímulo do autoelogio, a sensação de saber o suficiente, de saber tudo dentro da doutrina, abrindo lugar para a prepotência, julgamentos, sectarismos.

O mesmo ocorre com as lideranças de outras religiões, como a Católica, Protestante, Judaica, Islâmica e demais de natureza oriental. A influenciação faz-se tão eficaz, a ponto de provocar guerras despropositadas entre religiões que possuem por princípio básico o amor ao próximo e a tolerância.

A utilização de espíritos inclinados ao mal, para obsidiar suas vítimas, é apenas uma das centenas de formas de influenciação, e é utilizada apenas para os encarnados mais desprovidos de moralidade e autocontrole mental e espiritual, não é a mesma que se utiliza para espíritos mais esclarecidos nas verdades espirituais. Quanto mais avançado o espírito encarnado, maior e mais inteligente é o assédio dos obsessores. E o que muitos irmãos desconhecem é que isso se faz não necessariamente nos moldes relatados mais tradicionalmente. Devido ao esclarecimento dos médiuns e trabalhadores na seara espiritual, muitas dessas táticas de obsessão não surtem mais efeitos ao pretendente, pois devido à sua sensibilidade, esse irmão obsidiado detecta rapidamente o seu estado alterado, e sabendo das providências cabíveis para solucionar esse problema, coloca seu nome em oração na igreja, recebe um passe no centro espírita, realiza sessões de captação espiritual, frequenta um terreiro de Umbanda para fazer um "descarrego espiritual". E esses espíritos, responsáveis do astral inferior, conhecedores das particularidades da obsessão, como projetistas maquiavélicos, utilizam a sutileza como arma de atuação. São desde implantes de dispositivos eletrônicos de obsessão até infiltrações no campo mental do obsidiado, com sugestões sutis, mas constantes de formas-pensamento, estimulando o orgulho, a vaidade, ideia de superioridade, intolerância. Nestes casos, essas entidades jamais se fazem presentes diretamente, não se deixam mostrar, tampouco deixam "rastro nem provas dos seus crimes", pois isso para uma pessoa que tenha a mediunidade extensiva ou sensitiva, provida de clarividência, seria facilmente detectado.

O sugestionar constante e corriqueiro, de que o médium está protegido, pois trabalha no seu centro espírita, ou para a pessoa que vai sempre à missa ou o sacerdote que trabalha em seu templo, e que jamais sofrerá interferência, e que não precisa buscar tratamento espiritual, passa a falsa ideia de ser um espírito autossuficiente na sua proteção, e são estes os casos mais devastadores de domínio pelas forças do mal.

É necessário ao homem adequar-se a esta realidade, remover o falso estereótipo de que as entidades do lado negro são ignorantes, bebedoras de cachaça, viciadas em fumo, aprisionadas ao instinto animalesco do sexo depravado; nunca foi assim. As entidades que comandam os planos inferiores são seres de alto grau de inteligência, sabedores profundos da filosofia humana, de suas limitações, de seus avanços, qualidades e falhas. Esses engenheiros do mal, ou magos negros, são espíritos provindos de mundos muito mais avançados do que o vosso orbe, foram exilados no planeta Terra como castigo por não terem respeitado as leis do Criador, condenados a permanecerem na Terra para recomeçarem o aprendizado, e que ainda se negam a retomar esse caminho ao lado da Luz, que é o princípio e destino de todo o espírito.

Enganam-se os que acham que nesses mundos inferiores existe caos, desorganização, ignorância. Esses planos umbralinos são estruturados dentro de uma rígida hierarquia, metodicamente arquitetada, com as entidades de mais poder mental, de elevada inteligência (comparada aos padrões terrícolas) ou chamados magos negros de primeira ordem, que estão no topo dessa hierarquia, pois controlam individualmente seus mundos de dominação, dotados de alto poder mental e plasmam suas moradas de acordo com os seus anseios. São profundos conhecedores das leis espirituais, possuem ciência do seu aprisionamento neste orbe, suas limitações de atuação e de domínio.

Esses espíritos desenvolveram a capacidade de monitoramento constante dos seus subordinados, utilizando a sua vibração energética, através do deslocamento mental. Ao contrário do que muitos pensam, trabalham em parceria com outros dominadores de umbrais, são ansiosos por mais poder territorial, porém sabem que cooperando de modo organizado conseguem resultados muito mais proveitosos para si próprios. Respeitam-se mutuamente, não porque se estimam, mas por saberem que a cooperação e a confiança manterão os seus planos de dominação. São os responsáveis pela organização e administração de toda a carga deletéria do planeta, que por sua vez mantêm e fortificam os seus mundos vibracionais do umbral.

Essas entidades possuem ciência do expurgo que se aproxima, porém, por estarem voltados ao orgulho extremo e à vaidade, preferem migrar para orbes inferiores do que buscar a regeneração pelo caminho da luz e da redenção.

Suas ideias são fixas em arrebanhar cada vez mais espíritos, através da dominação da mente, focada na ignorância e no empobrecimento de espíritos menos esclarecidos e desequilibrados. Por saberem do destino inevitável que os espera, trabalham incessantemente para levar outros espíritos para o caminho do mal.

Seguindo essa hierarquia, existem os magos negros de segunda ordem, ou entidades trevosas subordinadas aos magos negros de primeira ordem. São dotados também de alta capacidade mental. São profundos conhecedores das magias que regem os elementos vitais: água, fogo, terra e ar. Quando encarnados, foram exímios feiticeiros e magos, com alto poder de manipulação da magia negra. Sob o comando de seus superiores, arquitetam constantemente planos de aprimoramento de suas ações trevosas entre os homens, incitam a discordância na religião, política, sociedade, nos meios de comunicação. Instigam a proliferação da sensualidade, da luxúria. Implementam essas ideias através dos meios de comunicação em massa, acentuam o orgulho nos líderes religiosos, políticos de influência. Infiltram ideias sempre voltadas ao consumismo material exagerado, à competição no trabalho, instigam diariamente as empresas e grandes corporações, desgastam os pilares familiares enfraquecendo a união familiar. Desvinculam o homem moderno dos seus valores espirituais.

Essas entidades trevosas dominam rigidamente seus subordinados em seus mundos espirituais, aplicando a disciplina e o treinamento de táticas, sempre atualizadas no que diz respeito aos processos de obsessão, desenvolvimento de novos dispositivos de obsessão, métodos de dominação e interação entre os encarnados, com aplicações de treinamentos muito parecidos com os treinamentos militares dos exércitos das grandes nações.

Atuam essas entidades subordinadas aos magos negros, em grupos, quase sempre com um líder responsável, que premedita ações no mundo material, específicas e diretas. Essas entidades, que podemos colocar na terceira ordem, não possuem a capacidade mental nem a inteligência dos magos das trevas, mas são de extrema maldade e ignorância. Atuam como mercenários, trabalhando por troca de favores e recompensas. Dominam de forma cruel aqueles que eram seus obsidiados em vida, que após essa passagem são escravizados por meio dos seus vícios, apegos, medo, orgulho e ignorância. A interação dessas entidades trevosas com a atual humanidade é muito mais estreita do que o terrícola pode pensar.

Suas ações alimentam, diariamente, a indústria da morte, aniquilando milhões e milhões de animais no mundo, formando a maior fonte de fluido animal vital para suprimento dos umbrais, além das energias deletérias formadas da total falta de espírito fraterno, respeitoso e amoroso para com os nossos irmãos animais; alimentando a violência, guerras, ações fratricidas e intolerantes no planeta. Essas entidades manipulam as atividades políticas, instigam os políticos à corrupção, ao descaso, à ganância e à ociosidade.

Atuam diretamente na obsessão desses líderes políticos, fortalecendo a indústria do voto inconsciente, do analfabetismo político da população, da manipulação das massas, com o estímulo à permanência da falta de políticas públicas nas áreas da educação e da saúde.

Essas entidades inspiram o mercado de trabalho aos modelos de máximo lucro, pouca despesa, diminuindo os valores humanos e aumentando o espírito antifraterno com o "capitalismo selvagem" exemplificado na concorrência e na promoção, a qualquer custo.

Trabalham incansavelmente no desequilíbrio humano, enfraquecendo a persistência dos homens na busca do aprimoramento espiritual, nos preceitos crísticos, nas atividades fraternas. Trabalham incansavelmente para que o homem perca o máximo de tempo, no dia a dia, com atividades ociosas, que pouco acrescentam a evolução humana. Estimulam a preguiça, depressão, desânimo, revolta, desentendimentos. Incentivam o homem aos desregramentos, com o desrespeito e a destruição da natureza, estimulam a propagação da alimentação pouco saudável, industrializada e artificial.

Vendem gloriosamente pela indução de propagandas de cigarro prazeroso e companheiro; nas propagandas deprimentes de animais felizes, que vendem a sua carne com sorriso aberto, obscurecendo a realidade desse triste comércio da morte. Estimulam o homem a não raciocinar, com as propagandas de bebidas alcoólicas sem nexo algum, hipnotizando a juventude, perdendo tempo e vidas com os acidentes de trânsito devido ao consumo excessivo de álcool. Instigam o homem moderno à violência, com campanhas contra o desarmamento, com as prerrogativas absurdas da autodefesa, de proteção familiar, sendo que a grande maioria das mortes por armas de fogo são relatadas dentro das próprias residências, com o pai embriagado matando a esposa, o filho drogado matando o pai, as brigas sendo resolvidas perante um duelo medieval ou filme de "bang-bang".

Irmãos, esses são alguns dos infinitos exemplos da ação dessas entidades no cotidiano humano, que se estendem desde a maneira mais evidente e animalesca, com as mortes, assassinatos, violência, tráfico de drogas, pedofilia, impunidade, ganância, corrupção, até às formas mais sutis e invisíveis de ação: racismo, preconceito, intolerância, sectarismos, orgulho, apegos, arrogância e as fobias.

É preciso que os trabalhos espirituais, voltados à obsessão e aos tratamentos espirituais, estejam adequados a esse quadro, de um umbral, que evolui constantemente, que cresce e se fortalece como o crime organizado das grandes metrópoles, onde são estudadas minuciosamente as fraquezas humanas e, consequentemente, a ação de forma direta e sucinta. As entidades responsáveis das casas espíritas, umbandistas, cada vez mais têm dificuldades em lidar com essas entidades, devido ao despreparo dos médiuns, dirigentes, passistas, dialogadores, que parados no tempo, sem atualização e informação dos planos extrafísicos, ficam totalmente à mercê dessas entidades perversas, que manipulam com considerável facilidade grande parte dos trabalhadores voltados ao bem.

Ramatís

Perguntas do Médium

Pergunta. *Em sua abordagem referente a este capítulo, vossa entidade descreve de maneira mais profunda a questão dos planos inferiores, a sua atuação e a própria organização, o que de certa maneira nos surpreende a tamanha força de interação desses espíritos dos umbrais conosco, encarnados. Com seus relatos, passa-nos a impressão de que o mal está muito mais forte do que as forças do bem,* *chegando a apresentar uma sensação de descontrole e impotência perante a ação das sombras, o que nos parece ser um pouco confrontante com o controle e onipotência de Deus. O que dizeis?*

Ramatís: Primeiramente, vamos deixar bem claro uma questão. Deus em sua magnânima força, onisciência, onipresença e onipotência, vê a tudo e a todos. Controla todo o universo de maneira perfeita e irretocável, e o mesmo acontece com o planeta Terra. A imperfeição e aparente descontrole das ações humanas, no desequilíbrio mental, incapacidade de amar, intolerância e negativismos, são frutos das próprias ações dos espíritos sintonizados com este planeta, encarnados e desencarnados. Nada é por acaso, não existem injustiças nem privilégios nas ações do Pai Celestial. O que a humanidade sofre hoje é consequência do que ela própria foi incapaz de corrigir no passado, com suas ações egoístas, odiosas e desequilibradas. Não existe desamparo, tampouco omissão dos planos superiores, pois para Deus, como uma das suas leis imutáveis, a mais sublime e misericordiosa dádiva dada aos homens foi o livre-arbítrio. É por meio das escolhas que o homem torna-se grande, pois é ele quem decide que caminho percorrer, e desses caminhos percorridos ficará o aprendizado que o fará progredir. O assédio existente sobre a humanidade, nos dias atuais, é decorrente dessas escolhas, resultantes do aceite e consentimento de tais atos, vinculados à mesma faixa vibratória. Como um rádio que se sintoniza com determinada estação, existem várias estações, mas por escolha, sintoniza-se com aquela que os atrai mais. E esse vínculo não é por acaso, são ajustes e necessidades decorrentes de experiências anteriores, malsucedidas e não centradas nos aspectos morais e éticos, não alinhadas com o caminho que leva a Deus.

Pergunta. *Mas, e a respeito da questão das entidades umbralinas que são organizadas, mais inteligentes, com aspectos de 'evolução* *dentro do mal' com métodos cada vez mais avançados de dominação e assédio sobre os encarnados?*

Ramatís: É natural o homem pensar dessa maneira, pois ele muito reflete sobre si próprio e sobre as interações que transcorrem ao seu redor. Colocamos a questão nos termos de bem e mal, para nos fazer mais compreendidos lendo esta obra, mas podemos afirmar que o mal não existe, o que existe é a ausência da prática do bem. O mal não mede forças com o bem, tampouco coexiste com ele. O mal ou a falta da prática do bem nada é mais do que a manifestação da ignorância espiritual que impera em mentes ainda ignorantes. Nos momentos atuais da humanidade, o aumento das ações do mal nada mais são do que o alerta para os homens, da necessidade da sua revisão de conceitos. Será que foi o mal que evoluiu, ou foram os homens que pararam no tempo? Essas próprias ações investidas dos umbrais operam feito instrumento para esse despertar do homem, pois é só dessa maneira, pela dor, que os homens procuram o seu lado religioso ou transcendental da sua vida, deixando por alguns momentos os seus apegos materiais, para a busca do consolo e equilíbrio nos aspectos espirituais.

Pergunta: *Poderia ser mais específico no seu relato?*

Ramatís: Não são as sombras que avançaram nas suas ações, é o homem que deixou de progredir. O terrícola, na sua programação, está muito aquém do que deveria estar atualmente, em relação à escala evolutiva. Se o homem ao menos tivesse levado em conta a tentativa de aprender com os ensinamentos deixados no Evangelho do Cristo, no "ame o próximo como ama a si mesmo", essas ações e assédios das sombras não teriam efeito algum, pois os espíritos centrados na prática do amor e no bem, estariam libertos da escravidão mental, dos instintos inferiores, e sintonizariam em frequências muito mais elevadas, sem poder de alcance dos magos das sombras.

Pergunta: *É inquestionável a força do Evangelho de Jesus, no fortalecimento espiritual da humanidade, configurando-se no maior manual de busca pelo aprimoramento espiritual. Poderias nos falar qual é o alcance da propagação do Evangelho para os homens?*

Ramatís: O Evangelho do Cristo possui um alcance que transpõe as barreiras do entendimento humano. É um legado de códigos morais, colocados de maneira mais sublime, que permite o entendimento por todos, independentemente da posição social, condição física, mental e grau evolutivo. Suas parábolas transcendem os limites vibracionais do planeta. O Evangelho de Jesus é apreciado e admirado por civilizações bem mais avançadas que a vossa, por planetas que estão próximos à Terra, como Marte e Júpiter. Seu código moral é inserido por essas civilizações já nos primeiros estágios de aprendizado de seus habitantes, pois é simples assimilação e de alto poder de instrução espiritual. Ele une todos em uma única linha, no amor e respeito por uns aos outros.

Pergunta: *Mais algo que possa ser dito sobre o poder do Evangelho?*

Ramatís: Para tentar medir a grandeza do seu alcance, pense na força da redução energética que foi conferida a um espírito extremamente elevado, tão elevado e sublime, que demorou mais de mil anos no contar de seu tempo, para reduzir essa grandiosa energia para que pudesse interagir materialmente com o vosso planeta hostil. Multiplique essa energia pela presença de entidades elevadíssimas que vieram ao seu apoio, desde a sua concepção na carne, até os que interagiram dos Planos Superiores e terás uma discreta noção do poder do seu Evangelho. Com essas explicações, voltamos à pergunta feita anteriormente, perante a essa força magnânima de Deus, deixada no Evangelho aos seus filhos. Todas as técnicas e ações das sombras possuiriam algum efeito? Nem esses umbrais existiriam em seus planos, se a humanidade tomasse os ensinamentos de Jesus por prática de vida e de evolução espiritual. Voltamos a salientar que o homem já possui todas as qualidades para evoluir, para se desamarrar, está tudo à sua frente, basta permitir-se ao auxílio, por isso que o tempo está se esgotando para a busca dessa renovação, pois aos que não quiserem acordar do torpor espiritual, restará a migração para planos em que o "torpor e o ranger de dentes" será uma constante em suas vidas.

Pergunta: *Vossas explanações sobre a força de influência e poder mental dos magos das sombras sobre a humanidade são esclarecedoras. Estranha-nos esses relatos por estarem sendo realizados somente agora. O que dizeis a respeito?*

Ramatís: Não há o que estranhar em tais relatos, pois as sombras sempre estiveram presentes com a humanidade, pois ainda está em baixa envergadura moral e espiritual. As sombras nada mais são do que a falta da luz sobre o espírito que, ainda grosseiro e materializado, não permite que ela o interpenetre. As sombras significam que ainda o homem não se educou, não se desprendeu das suas inferioridades e desequilíbrios. Os que estão nesse lado, para a Espiritualidade e os olhos de Deus, são irmãos imersos em um estado letárgico passageiro, pois todos tendem a seguir o caminho da Luz Divina. São espíritos que também recebem o mesmo amor de Nosso Pai, escravizados somente e nada mais nas suas fraquezas, no seu orgulho, prepotência e ambição ilusória de poder. Nada relatado aqui é novo, suas ações e métodos de influenciação sempre foram relatados desde os mais primórdios tempos. No Egito e Caldeia, faziam os homens seus núcleos de adorações, personificando essas entidades maléficas nos seus deuses poderosos, intransigentes, impacientes, que obrigavam tais seguidores a sacrifícios humanos, de animais, para ceder o fluido vital para saciar os magos das sombras, disfarçados sobre tais divindades macabras. Hoje, se não bastasse ainda tais rituais satânicos, esses magos encontraram meios de maior alcance para os seus anseios, para derramar sangue e usufruir de tais energias. Usam-se os frigoríficos e abatedouros, tão mais eficazes e eficientes, do que a morte em série de seres vivos, derramando o seu sangue quente durante 24 horas por dia, 365 dias no ano, ininterruptamente, como verdadeiros campos de concentração, que até Hitler se surpreenderia em presenciar essas cenas, e que a sua mesma ideia macabra das guerras mundiais ficaria com certeza em um plano de terceira categoria. A magia negra, praticada sistematicamente por cultos, que muitos dizem ser do bem, pertencentes à chamada magia branca, com o falso propósito de que assistir a entidades sofredoras e odiosas nada mais é que uma troca de favores para que realizem os desejos mundanos e mesquinhos, e que em muitos terreiros escondem-se atrás da falsa prática umbandista ou do Candomblé. Essas práticas em nada se ajustam ao bem, pois tais correntes religiosas, na sua essência, são da mais cristalina energia branca, com os trabalhos totalmente voltados às práticas elevadas, na caridade e no assistencialismo aos necessitados. Como afirmamos anteriormente, a sombra só existe e atua onde não encontramos a Luz, dentro de cada espírito ainda ignorante dos princípios e valores espirituais.

Pergunta: *Mas, sobre a questão das entidades e métodos tão inteligentes e avançados, o que em muitas literaturas é pouco mencionado. O que dizeis?*

Ramatís: Tudo tem o seu tempo para que os relatos sejam transmitidos para a ciência terrena. Antigamente, as mensagens eram passadas através dos livros, principalmente sobre o lado dos umbrais como mais um mundo composto por sofredores, desespero, e somente isso, sem muitos detalhes acerca dos magos das sombras, principalmente para a melhor assimilação daqueles leitores de pouco preparo para entender tal fato. Existem muitas informações que são literalmente "brecadas" do "lado de cá" para que não desperte no homem o efeito contrário, ao invés da conscientização, o medo, o desespero, fruto ainda do despreparo espiritual. Outro fator existente é o preconceito e a visão equivocada acerca do mundo dos umbrais e seus magos trevosos que muitos praticantes de correntes espirituais possuem. Equivocadamente, possuem a noção de que todos que estão nos umbrais são ignorantes, e de fato, a ignorância espiritual é o principal fator de estarem lá, mas não podemos dizer que não possuam atributos mentais e inteligência avançada. Cabe lembrar que muitos desses irmãos que habitam as sombras um dia foram magos extremamente hábeis em manipular essas energias que regem a Terra nos seus elementos mais materializados, e que por orgulho, arrogância, ganância por poder, deixaram-se levar pelo poder ilusório e pela falsa promessa da superioridade de seus mundos mentalizados por tais. Esses fatores são de grande importância, pois essa "bagagem" psíquica muitos levam no conhecimento, como aprendizado espiritual, porém a utilizam de maneira contrária aos preceitos divinos.

Pergunta: *Mas, isso que foi relatado por vossa entidade faz-nos pensar na questão do preconceito e da falta de instrução dos trabalhadores de centros espíritas, obstruindo muitas vezes essas mensagens, tão necessárias nos dias atuais.*

Ramatís: Estais certo no vosso raciocínio. Muitas dessas mensagens que devem ser passadas para a humanidade, pelos médiuns e canalizadores, são bloqueadas por eles próprios, fruto do preconceito, de seus dogmas, pré-julgamentos e falta de instrução sobre o mundo espiritual. Muito mais deve ser passado, mas por esses motivos mencionados, uma pequena parte consegue passar pelo "filtro sujo do médium", isso se aplica também a este médium que nos assiste, devido ao mental pré-concebido, com opiniões formadas sobre vários aspectos da Espiritualidade, provido das suas ideologias e dogmas das religiões em que se serve de instrução. Para que haja a passagem de mensagens novas, avançadas, e de congruência com a evolução de um universo em constante progresso é preciso que a mente esteja livre, limpa e desprovida de julgamentos precipitados.

Pergunta: *Mas, neste caso, não existe uma ação dos obsessores, dificultando as ações do campo mental do médium na transferência das mensagens provindas do astral?*

Ramatís: As sombras sempre atuarão para dificultar ao máximo as ações da Espiritualidade perante os homens. Mas, essa ação não está somente nas ações diretas sobre os mecanismos psíquicos do médium operante, visto que existe no momento dos trabalhos mediúnicos a proteção para com o médium assistido. As ações dessas entidades sombrias são muito mais sutis e devastadoras que uma simples intervenção em um momento de trabalho mediúnico. Suas ações estão no estímulo à vaidade, ao orgulho, à prepotência e indução de uma pseudo-humildade ao médium desprovido de cuidados e distante da vigília. Essa ação é gradativa, no dia a dia das atividades do médium, não só espirituais, mas as que o mundo material exige para o seu estabelecimento na matéria. Intensificam-se o sugestionamento, que levemente incutem no mental do médium, de que ele sabe muito, sabe se autoproteger, que a obsessão é inacessível a ele, devido à sua alta capacidade de interagir com os Planos Superiores, e por ter esta interação, a vida lhe coloca vantagens no campo da previsão, intuição. Assim, infla-se o ego, aumenta-se o orgulho, e se molda instantaneamente um homem autossuficiente espiritualmente, conhecedor profundo das verdades espirituais, com a ideia fixa na mente de não precisar buscar novas instruções perante a infinita sabedoria colocada sobre a Terra, através dos demais irmãos abnegados. Torna-se um homem prepotente, vaidoso, que julga quando achar necessário, colocando para os demais irmãos a sua verdade como a principal e mais completa. Torna-se um médium distante das suas atribuições originais que foram acertadas na Espiritualidade, tendo como sua principal missão: ser na Terra fiel e humilde servo de Deus, transmitindo as mensagens provindas do Plano Superior.

Pergunta: *Qual é a maior fraqueza dos médiuns, se assim podemos generalizar, ou onde existe a maior brecha de assédio das sombras?*

Ramatís: Sem dúvida, o ponto mais sensível, ou o ponto fraco daqueles que trabalham ostensivamente com a mediunidade, é o orgulho. Com a importante missão de passar para os homens as mensagens provindas do "lado de cá", o médium recebe a intervenção direta do assédio das pessoas e daqueles que são assistidos. Os elogios intermitentes, o assédio do público e as manifestações de gratidão dos assistidos, consequentemente contribuem para o desequilíbrio da humildade do médium. Este precisa saber lidar com essas situações, orar e vigiar sempre, tornar a oração um mandamento constante em suas vidas e a vigília permanente. O primeiro mandamento para um médium idôneo em sua missão terrena é o exercício constante da humildade.

Pergunta: *Poderias exemplificar as suas explanações sobre o orgulho dos médiuns em seus trabalhos?*

Ramatís: Existem muitos exemplos no cotidiano atual de médiuns que não sabem lidar com o exercício de sua humildade em suas atividades. Quantos que possuem extraordinária capacidade de prever o futuro, vivenciar situações ocorridas entre os dois planos, que recebem as mensagens do além para os familiares angustiados e ávidos por uma palavra de alento. E quando se deixam levar pela vaidade e querem tornar-se públicos e populares a todo o custo, indo a programas televisivos inapropriados ou a rádios sensacionalistas, cair no ridículo com a decepção de suas previsões. A Espiritualidade monitora constantemente as ações de seus trabalhadores, e quando vê que o trabalho está indo para o lado que não corresponde aos verdadeiros objetivos traçados pelo alto, automaticamente, se "corta" a capacidade de interação entre os planos, deixando o médium literalmente "às escuras", cego e mudo de espírito, com isso, coloca-se a situação em que o médium precisa refletir sobre suas ações e os seus objetivos nos trabalhos com os espíritos, ficando claro que o principal e único objetivo é servir a humanidade através do amor e da doação, sem nunca querer nada em troca. Por outro lado, podemos citar um laborioso espírito que quando encarnado em sua missão mediúnica fez-se operante no exercício contínuo da humildade, que mesmo ciente de seus amplos dons mediúnicos fez-se instrumento direto da Espiritualidade, assistindo a todos, não importando a quem e quando, com trabalho incondicional a serviço da Espiritualidade. Escreveu centenas de livros do Astral Superior, sempre deixando bem claro que o mérito era todo dos espíritos que lhe passavam as mensagens, e ele era somente um humilde servidor mediúnico. Atendeu a multidões durante os mais de 80 anos de vida terrena e nunca aceitou nada em troca, repassando tudo aos mais necessitados. Podemos colocar seguramente, que esse homem foi o aparelho mediúnico mais eficaz nos tempos atuais. Seu trabalho sempre foi alicerçado na humildade e entrega total. Seu exemplo de humildade foi tamanho, que até no dia da sua desencarnação foi programada a sua saída em definitivo do corpo físico em um dia em que o foco da população brasileira estava voltado totalmente a um evento de festividade esportiva.

Pergunta. *Quais são as suas considerações finais para este capítulo, em relação ao próprio título a sintonia com as sombras?*

Ramatís: Este capítulo teve o objetivo de elucidar alguns aspectos importantes para a humanidade. Que os magos das sombras e entidades umbralinas atuam diretamente no psíquico dos homens que ignoram os valores inerentes ao espírito. São aqueles que estimulam o sectarismo, egoísmo, ódio, vaidade, materialismo exacerbado. Essas entidades são muito inteligentes em suas ações, com mecanismos de obsessão sofisticados e extremamente eficazes, necessitando os homens, principalmente os mais lúcidos das verdades espirituais, estarem adequados a essa realidade e buscarem no trabalho espiritual, no amor, na instrução e nos pensamentos progressistas, as maneiras de se defenderem dessas ações. Para isso, não precisam esforços extremos ou fórmulas mirabolantes, basta fazer aquilo que foi dito por Jesus há 2 mil anos: "Vigiai e orai, sempre!". Vigiar também é estar atualizado quanto ao avanço e progresso do universo, que nunca para de evoluir. Vigiar conceitos, preconceitos e ações.

Relato do Médium

Das viagens astrais conscientes que realizei desde o aflorar de minha mediunidade, uma delas foi muito marcante para mim, e creio que se enquadra no assunto discutido por Ramatís.

Em uma de minhas saídas do corpo, notei naquela noite que algo diferente estava acontecendo, primeiro, sentia que estava em uma vibração muito mais baixa do que habitualmente costumo estar nesses tipos de experiências, não que eu só ingresse em lugares elevados no astral, algumas vezes sim, mas sempre na presença dos Mentores elevados da Espiritualidade.

Estava caminhando sozinho por uma rua escura, que me lembrou muito uma avenida perto da casa onde estava morando. Já ao sentir a consciência de estar fora do corpo em viagem astral, procurei rapidamente pelo meu Guia, o qual não avistei. Sempre quando estou nesse tipo de situação, em lugares umbralinos, geralmente estou acompanhado pela Equipe Espiritual, em trabalho de assistência mediúnica a irmãos necessitados, o que não era o caso. Imediatamente, o sentimento de medo me envolveu, porém adverso a outras viagens nessa situação, eu não retornei ao corpo físico, pelo contrário, algo me puxava para prosseguir por aquela avenida totalmente escura. Comecei a avistar, nas esquinas, criaturas maltrapilhas com aspecto nada amistoso que não inspiravam nenhuma amizade ou sentimento fraterno. Eles começaram a me avistar e saiam dos buracos e da escuridão, vindo todos à calçada, olhando-me, de modo compenetrado, com um sorriso sarcástico e ar de deboche nos lábios. Eu àquela altura dos acontecimentos, já estava suando frio, e ainda com profundo tremor gerado pelo vento frio que batia em meu corpo.

Essa avenida situava-se em uma longa descida e cada vez que caminhava para o fim dela, aumentava a névoa e a sensação de frio. Procurei seguir no meio da avenida, evitando ficar perto da calçada por causa daquelas entidades pouco amáveis que me encaravam. Seguindo, mas sem entender aquela situação toda, logo me veio um forte pensamento: "Cadê o meu Mentor?" Bem, eu posso sair daqui, basta orar, que facilmente sairei dessa situação! Pensei. Comecei a orar forte em pensamento, colocando em minha expressão um ar de superioridade perante aqueles irmãos que estavam ali me observando. Orei, de uma maneira que admito, não muito concentrada, mediante aquele quadro desconfortável.

Logo que acabei a oração, ouvi um coro de risadas daqueles espíritos maltrapilhos que me acompanhavam ao redor. Bem, desse ponto em diante meu pavor e medo aumentaram muito. Eu pensava: Cadê vocês, amigos da Espiritualidade Maior? Eu rezei, pedi pela presença de vocês e onde estão? Por que não saio daqui?

Nesse instante, surgiu uma pessoa adiante, vindo ao meu encontro. Estava ainda encoberta pela névoa, mas já avistava que ela estava totalmente ofuscada, sem luz, o que é normal quando estamos nesses lugares sombrios. Aproximando-se mais de mim percebi percebi que a fisionomia dessa pessoa era muito parecida com a da minha esposa; nesse instante alegrei-me e corri para o encontro dela. Chegando perto, estranhei o seu sorriso amarelo nos lábios e principalmente as suas palavras comigo:

– Oi, Cristiano!

– Cristiano? Você nunca me chama de Cristiano! – respondi prontamente.

Aquilo soou muito estranho, pois ela é uma das pessoas que não me chama pelo nome, sempre me chama com um apelido mais carinhoso.

Continuei com as perguntas:

– O que está acontecendo? O que estamos fazendo aqui? Cadê a Equipe Espiritual?

Ela, continuando com um sorriso estranho, falou:

– Por que precisamos de equipe? Sabemos nos cuidar!

– E eu, sei? – perguntei contrariado.

– Sim, sabe, há quanto tempo estamos trabalhando espiritualmente?

– Você já está praticamente autossuficiente.

Estranhei totalmente aquela situação. Primeiramente porque sentia uma energia totalmente diferente, e depois que a minha esposa jamais falaria uma coisa daquelas, totalmente avesso ao seu costume. Ela sempre teve uma postura muito sensata sobre a Espiritualidade.

Retornei a falar em tom mais elevado:

– O que está acontecendo? Você está muito estranha!

Ela já se sentindo incomodada com as minhas perguntas, falou em tom mais enérgico:

– Pare de bobagens e vamos sair logo daqui, que você não está nada bem, não tem condições de pensar em nada agora.

Mesmo contrariado, resolvi seguir com ela. Caminhamos em direção à quadra à esquerda, adentrando uma rua mais estreita, parecida com um beco, rumo a uma subida mais íngreme. Notei que as entidades que me acompanhavam até o instante passado, ficavam pelo caminho, apenas observando nas limitações da avenida, na entrada da rua.

No avançar da caminhada, notava a frieza de minha (já pensando neste momento) suposta esposa. Eu tentava olhar mais a fundo para ela, mas nitidamente ela evitava isso, virando insistentemente o rosto, quando notei que ela começou a gargalhar em um tom descontrolado, mudando as feições ligeiramente para um rosto mais animalizado e sombrio. Naquele momento, confirmei a minha suspeita de que não se tratava da minha esposa, mas sim de uma entidade que se passava por ela e que me levava para o final daquela rua. Tentei retornar, mas já estava envolto a um tipo de campo, o que aparentava muito ser um parque de diversões abandonado. Aquela criatura farsante ficou na entrada do portão, como que na função de guarda-costas, literalmente bloqueando a minha tentativa de saída. Quando resolvi voltar e ter tomado a decisão de enfrentar aquela entidade, surgiram à minha frente, literalmente "materializadas" mais de dez entidades, com aparência grotesca, plasmando corpos de natureza animalesca que aparentavam possuir muita força física, e com similaridade muito grande com um corpo simiesco. Fecharam um círculo sobre mim e no centro surgiu uma entidade trajando roupas negras, de estatura alta, com postura refinada e de extrema elegância, o que contrastava com os demais ali presentes. Porém, o seu semblante deixava passar um ar maquiavélico. Mantendo uma postura altiva e com tom debochado nas palavras, dirigiu-se a mim:

– Ora, ora, por que o ilustre amigo não consegue se livrar desta situação? Cadê os seus protetores espirituais? Onde está o poder mental que julgas ter?

Aquele círculo de entidades todo começou a rir, e com pequenos passos as entidades avançavam contra mim. E aquele que parecia ser o líder do grupo continuou a falar:

– Pois é, agora ficarás preso aqui, sobre o meu domínio! Não voltarás tão cedo ao seu corpo físico, isso se conseguir voltar!

Nesse instante, suas palavras foram interrompidas pelas intensas gargalhadas do seu grupo. Literalmente, era um "show" dos horrores aquilo tudo!

A entidade, com gesto brusco, fez com que todos ficassem calados e continuou a me falar:

– Vais aprender a não subestimar e menosprezar o poder das sombras!!! Eu, com extremo medo que já beirava o pavor, indaguei-o:

– Eu, subestimá-los? Nunca fiz isso? Nem conheço vocês! Mais risadas vinham ao meu encontro.

Com irritação maior e com os olhos avermelhados, aquela entidade falou em tom mais elevado:

– Como não?! Só ficas repetindo nos trabalhos espirituais que somos todos ignorantes, sofredores, bebedores de pinga! Chega! Agora vamos te mostrar o que é sofrer!

Eu, ainda querendo transparecer um ar de autocontrole, retruquei-o:

– Vocês não têm como me manter aqui, logo voltarei para o corpo físico, estou no período de sono, logo acordarei no mundo físico!

Rapidamente, fui interrompido por aquele ser trevoso, que com uma voz mais assustadora, lembrando até um timbre mais metálico, imediatamente retrucou as minhas explanações:

– Já ouviu falar em coma?

Eu, engolindo as palavras balbuciei:

– O que?

A entidade sentindo que a sua ofensiva estava surtindo efeito, continuou:

– Quer escolher o motivo físico do teu falecimento? Dou-te algumas alternativas: apneia respiratória, teus pulmões são o teu ponto fraco, não? Ou parada cardiovascular? AVC? Qual prefere?

Mais uma vez tentei argumentar, mas fui impedido violentamente:

– Cala a boca! O que achas que acontece com essas pessoas que entram em coma profundo no plano físico? Acha que ficam presos onde? No corpo! Eles se prendem onde merecem!

Nesse instante, vi alguém próximo ao meu cordão de prata, rapidamente comecei a rezar em voz alta, para tentar pará-los; continuava a ouvir somente gargalhadas e a entidade sombria falando:

– Não adianta! Não adianta!

Nesse instante comecei a chorar, a me desesperar, até que ouvi a voz do Mentor, vindo em forma de calmante para o meu espírito desequilibrado:

– Ore com o coração, peça com humildade, não estás sozinho!

E continuando a falar:

– Ore primeiramente por eles, que sofrem!

Eu, em profundo choro, ajoelhei-me no meio deles e pedi com profunda comoção:

Pai de amor infinito! Rogo o seu auxílio, ajuda-me! Peço por estes irmãos que desconhecem a sua bondade infinita!

No mesmo instante, como se tivesse sido laçado literalmente pelos pés, fui puxado por uma espécie de corda, onde entrei em um túnel em velocidade descomunal, puxado violentamente, sendo tragado por uns 10 segundos.

Rapidamente, acordei no corpo físico, totalmente ensopado de suor e com dores no corpo inteiro. Levei a mão aos pés e senti uma leve dor nos tornozelos. Levantei rapidamente para tomar um copo d'água, e com goles tímidos refleti sobre tudo aquilo que havia ocorrido. Olhei no relógio e passava das 4h 30min da manhã. Naquela noite, custei a dormir novamente.

Uma semana depois, em viagem astral, no Plano Superior encontrei o irmão Ramatís, e de pronto já o indaguei sobre o acontecido:

– Irmão! O que foi aquilo que aconteceu comigo?

Ramatís, com um olhar sempre sério e feição questionadora respondeu:

– Um bom aprendizado para você!

– Mas, por que me deixaram sozinho?

– Não estavas sozinho, estávamos lá.

– Estava?

– Sim, você que não percebeu, devido à sua frequência que estava baixa.

E continuou:

– Aprenda que a Força Divina está na bondade e na humildade, seja onde estiver e com quem esteja andando!

– Por serem entidades inclinadas ao mal, não significa que devam ser tratadas de modo diferente, pelo contrário, mais amor deve ser empregado a esses espíritos, para que despertem para a Luz novamente!

Fiquei reflexivo, enquanto o iluminado irmão continuava a sua reflexão!

– O verdadeiro poder de Deus está no amor. Não esqueças nunca disso!

– O pedir e obtereis, deixado por Jesus por ensinamento, está no pedido real, de coração, na entrega total à vontade de nosso pai. Você se libertou ali, no momento em que realmente deixou o seu "eu" nas mãos do Pai.

Fiquei calado e reflexivo.

Depois de longo silêncio, voltei a perguntar ao nobre Mentor:

– Mas, eu realmente poderia ter ficado em coma, como eles mesmo afirmavam?

Ramatís, com um leve sorriso nos lábios, colocou a mão em meu ombro e disse:

– Pense no que você deve fazer para melhorar e evitar que tal situação ocorra. Reveja seus hábitos, aprimore-se e lembre-se que esses irmãos também merecem o nosso respeito. Respeitá-los nas suas escolhas já é um nobre ato de amor! Agora vamos trabalhar, que temos muito a fazer!

Desde aquele dia, mudei a maneira de agir, principalmente na maneira de tratar esses espíritos nos trabalhos espirituais, procurando amá-los e vê-los enquanto irmãos que precisam de muito mais amor para a libertação de seus males. Hoje, fico imaginando muitos doutrinadores que, com excesso de energia nas palavras, tratam tais irmãos nas sessões de desobsessão iguais a verdadeiros delinquentes e monstros, sendo que o que precisam realmente, acima de tudo, é de muito carinho!

Das viagens astrais que realizei, sem dúvida, essa foi a mais reflexiva para mim, principalmente pela experiência ímpar, que propiciou minha reflexão acerca de como tratar com esses irmãos provindos de energias inferiores.

Capítulo 6

Estrutura familiar
O educandário do espírito

O plano evolutivo para os espíritos que encarnam no planeta Terra dispôs o sistema familiar de criação com o objetivo do desenvolvimento espiritual, de modo que aos pais que recebem seus filhos pelos planos reencarnatórios fica a grande responsabilidade de zelarem pela proteção dos mesmos, principalmente na fase inicial do desenvolvimento do corpo físico (criança), assim também para serem os guias e instrutores com o objetivo de orientarem esses espíritos rumo ao desenvolvimento pleno de suas potencialidades, tanto psíquicas, quanto também o aprimoramento de sua moralidade, conduta crística, desenvolvimento de sua espiritualidade e senso de responsabilidade, buscando a consciência de sua essência crística.

Como a escala evolutiva espiritual da humanidade ainda é muito baixa, esse trabalho de tutela familiar, muitas vezes, vem acompanhado do resgate de dívidas entre pais e filhos, marido e esposa, entre outros laços afetivos. Esses ajustes são necessários e são os primeiros fundamentos para o exercício do espírito na capacidade de interagir em sociedade, ostentando os sentimentos da fraternidade, amor, respeito e tolerância entre si, o que atualmente poucos conseguem ter na consciência, de que a verdadeira família está alicerçada na grande família universal, estando acima de castas, origens, raças, divergências culturais ou ideológicas.

A estrutura familiar é o grande pilar de sustentação para o espírito que chega à matéria. Com a família, o espírito recebe o equilíbrio necessário e a disciplina para lapidar as suas inclinações pretéritas para o lado do mal.

Porém, o cenário atual está longe de atender a essas responsabilidades. O distanciamento entre pais e filhos, os maus exemplos gerados a todo instante para os filhos, a falta de diálogo e esclarecimento de diversos pontos fundamentais para o desenvolvimento da criança, a inversão de valores, o não estímulo ao desenvolvimento da moralidade, que expandem o intelecto e o espírito, são fatores que contribuem para a fragmentação das estruturas familiares.

Em diversas situações, o pai, sendo o chefe da família, chega à casa muitas vezes explicitando os vícios mais degradantes: alcoolismo, tabagismo, consumo de drogas. Esse fornece pouca atenção à sua esposa, que por sua vez está mais interessada no seu mundo de futilidades e fantasias, norteado pelo aparelho de televisão, com seus programas de maledicência, telenovelas de cunho degradante, futilidades da moda, com a conduta do melhor estilo de se apresentar e qual roupa usar. Alimenta a fantasia da telenovela de viver um grande amor, perfeito e inabalável, distancia-se do mundo real, com seus problemas a serem resolvidos, traça rapidamente uma comparação ilusória daquele mundo de fantasia com o seu casamento, que perto daquela fantástica produção mostra-se imperfeito. O marido, por sua vez, vive ainda do instinto animal, e procura na televisão e consequentemente mais tarde, fora do casamento, pela fêmea com bonita silhueta e corpo físico jovial, desprezando totalmente os valores do interior, do espírito, que guarda os sentimentos verdadeiros da essência de cada ser. Para ele, a esposa não precisa nem falar ou estimular a aproximação de ambos com alguma conversa produtiva. Basta fazer o seu papel, que é o de manter a forma física, entre uma cirurgia plástica e outra, um "botox" para rejuvenescer a pele que se desgasta com o passar do tempo. Para ele não existe a necessidade do diálogo, mas sim a prática sexual diária que mantém o "status" do bom relacionamento, e assim a falsa felicidade entre ambos.

Quando, devido a esse distanciamento, sem diálogo, amor e companheirismo na jornada, a esposa apresenta os sintomas da depressão, que funciona como um aviso espiritual, do vazio que está a sua vida e com algumas pílulas de antidepressivo, achará que estará tudo resolvido. Um corpo sedado, também seda o espírito, aliena a mente e promove assim a letargia evolutiva.

O sedante do homem também está nas mesas de bar, regado à cerveja com conversas levianas acerca de mulheres, futebol, e que produz um poder tão hipnótico, tal qual uma droga antidepressiva. Isso quando não explodem as rotineiras brigas de casal, legitimadas pelo ciúme, intolerância ou desrespeito mútuo.

E sentado em sua cadeira de balanço, absorvendo toda aquela carga negativa, está o filho, que mesmo com pouca idade, já capta todos os péssimos exemplos, pois mesmo não entendendo ainda a linguagem humana, o espírito, em plena capacidade de expansão, vai gravando todos aqueles exemplos, pois tanto biológica quanto espiritualmente, sua mente funciona com o comando de captar as ações dos pais. Isso porque os pais são colocados na função de seus tutores e responsáveis pelo desenvolvimento da personalidade até a vida adulta.

Todos esses exemplos de conduta degradante ficam gravados no inconsciente da criança. Brigas, separações conjugais, intolerância, desrespeitos diversos, desencadeiam um silencioso e progressivo desequilíbrio energético que atua inevitavelmente no mental da criança para toda a vida terrena e vincula-se por um bom tempo no espírito. Assim, a criança cresce deprimida, com alta tendência ao suicídio. Outras, crescem revoltadas, com dificuldades de convívio na sociedade, logo, terão dificuldade para compor uma nova estrutura familiar. Os pais, sentindo essa falha grave no processo educacional, e alienados ao mundo material, tentam suprir seus filhos com os mais diversos mimos, fazendo todas as suas vontades, distorcendo totalmente o significado de amar pelo de "se apegar".

Devido ao imenso vazio pela falta de diálogo e de distanciamento entre pais e filhos, juntamente sem a adoção da prática da disciplina e ensinamentos dos valores morais, como o de fazer o bem, ser generoso, fraterno e justo, literalmente fabricam-se adolescentes sem limites, espíritos atenuados a instintos extravasados, que cometem os mais absurdos atos de vandalismo, maldades e demais atos que não condizem com a moralidade crística.

Esses relatos podem até parecer trágicos demais, porém é o que a humanidade vivencia todos os dias. Os homens esqueceram os valores morais e éticos, substituídos pelo egoísmo, o que é reprovável aos olhos de Deus. O jovem vem crescendo com os conceitos que envolvem a vida, totalmente distorcidos, fruto dos equívocos no aprendizado dado pelos pais, na infância.

A estrutura familiar, que envolve os verdadeiros valores espirituais, está completamente abalada atualmente, devido à inversão de valores que a sociedade coloca perante os homens. Os princípios de respeito, honestidade, amor, fidelidade, que são os valores que constroem uma família voltada ao progresso espiritual, estão pouco colocadas em prática, pois na "era moderna" existe pouco diálogo, pouco tempo para os filhos, para a esposa, para o marido. O plano material impera e é colocado como prioridade absoluta.

Eis a primeira grande missão conferida aos homens neste mundo: pois mães e pais possuem a grande tarefa de preparar e disciplinar os espíritos para a Nova Era, muitas vezes ainda carregando grande parte de rebeldia. Esses equívocos, fruto do descaso e do egoísmo, desencadeiam uma série de falhas que ligarão tais espíritos a um custoso e longo período de faltas que serão de grande peso cármico.

Ramatís

Perguntas do médium

Pergunta: *No mundo em que vivemos hoje, é notória as suas palavras em relação à desestruturação familiar, o distanciamento entre pais e filhos e a degradação dos valores morais familiares. Este quadro infeliz com que passa a humanidade é fruto do 'final dos tempos' ou todo este desequilíbrio humano é fruto do desequilíbrio familiar?*

Ramatís: As ações humanas no seio da família são reflexos do atual estágio evolutivo em que viveis. Sendo a família uma das bases da evolução espiritual, esse é um indicador da postura humana perante os valores morais e crísticos. A falência das estruturas voltadas à família atualmente é um dos indicativos de que a humanidade não está caminhando no caminho certo.

Pergunta: *E se a pessoa que fez de tudo para estabelecer a união e a paz seguir seu caminho, ela terá de reencontrar com a outra no futuro, mesmo que não tenha sido ela a responsável pela separação?*

Ramatís: Se ainda ocorrerem os sentimentos anticristãos, certamente. Mas quando isso ocorrer, com certeza, aquele que fez o seu melhor para trilhar o caminho do bem estará de braços abertos para o "ajuste", pois o problema maior não estará nele, mas sim na outra pessoa. O Pai Supremo quer a nossa felicidade e ela está na capacidade de nos amarmos integralmente, sem condições ou imposições de qualquer ordem.

Pergunta: *Este é um ponto interessante, pois presenciamos diariamente pessoas que se 'martirizam' pelo casamento malsucedido, mesmo sendo culpa da outra parte, que não quer saber de uma união feliz.*

Ramatís: Muitas vezes, a programação divina coloca várias experiências ao encarnado, de acordo com as suas necessidades evolutivas. Todos vivemos de nossas escolhas e tudo pelo que o espírito passa é necessário para a sua lapidação espiritual. O casamento é uma oportunidade, uma experiência, de inúmeras que o homem vivencia.

Pergunta: *Então, a separação seria, digamos, o último recurso, quando todos os outros métodos não tenham efeitos?*

Ramatís: A união conjugal não é uma prisão, o processo evolutivo não compatibiliza com isso. Tudo que for feito com amor e que não faça mal ao seu semelhante está dentro das leis de Deus, logo é uma saída para contornar o problema.

Pergunta: *No que diz respeito ao casamento, é comum as separações de casais hoje em dia. Essas relações são sempre marcadas pela falta de diálogo, falta de paciência, individualismo, o que torna insustentável a união. O que tens a dizer?*

Ramatís: O casamento é a oportunidade de se desenvolver particularidades no campo moral e espiritual. Uma relação bem conduzida, com respeito, honestidade, responsabilidade e amor, é um importante passo no caminho evolutivo, pois desperta no espírito o senso de companheirismo e consciência coletiva, porque a relação se expande com os frutos de seu relacionamento em uma forte estrutura familiar. Este senso de coletividade é um dos pilares da nova civilização que herdará a Era Aquariana.

Pergunta: *Então, a união matrimonial ou de pessoas afins, em um propósito de caminhada na jornada da vida, já é um grande exercício para se conquistar um lugar na Nova Era ?*

Ramatís: É um dos grandes exercícios, sem dúvida. No relacionamento, se testa a paciência, aprimoram-se as virtudes, e sobretudo, exercita-se a depuração de suas fraquezas. A capacidade de trabalhar em coletivo em um mesmo propósito já credencia o homem a seguir fortemente no caminho do aperfeiçoamento.

Pergunta: *Mas, então, a separação seria uma falha ou incapacidade de aproveitar essa oportunidade de aprimoramento espiritual?*

Ramatís: Se ao passarem por essa experiência e obtiverem um "saldo negativo", ou seja, ao invés de contemplar avanços afetivos e de aperfeiçoamento moral, tenham acumulado mais rancor, ódio e inimizades, estarão sim perdendo grande oportunidade de progresso.

Pergunta: *Mas, presenciamos muitos casos de pessoas que fazem de tudo para manter o casamento, tentando buscar a reconciliação, pelo diálogo, pela tolerância, até com a renúncia temporária de sua caminhada evolutiva para tentar ajudar o seu parceiro ou parceira. Esta pessoa que buscou isso, com a inevitável separação, como fica?*

Ramatís: Repetimos. Se a pessoa tentou a todo o instante buscar a paz, o entendimento e o equilíbrio dentro do lar, e não por sua opção ocorreu o contrário, com a separação do seu parceiro ou parceira, ela com certeza já adquiriu importante aprendizado com essa experiência. Renunciou parte de seu lado de busca evolutiva para ajudar o cônjuge, tolerou seus comportamentos obscuros, perdoou suas falhas, não mediu forças para buscar no amor a união fraternal entre ambos. Certamente, essa pessoa passou por importante teste, e se a outra parte não conseguiu compreender os princípios de amor e cumplicidade, resta a cada um seguir o seu caminho, conforme as suas escolhas.

Pergunta: *Essa necessidade de ajuste também ocorre em outras situações, não é?*

Ramatís: Não necessariamente ocorre só pelos laços consanguíneos. Pode vir de um encontro com um colega de trabalho, que necessita trabalhar junto em equipe, de um amigo que cruza a jornada da vida em determinado período da vida. O que o homem precisa saber é que esse mecanismo de ajuste é inevitável.

Pergunta: *Mas, não é possível esses desajustes serem sanados em cada um, não precisando necessariamente conviver juntos para a busca da paz e do equilíbrio interior, como por exemplo, se essas pessoas que não possuem afinidade entre si devido a fatos pretéritos buscarem fazer o bem, um distante do outro, não estarão se eximindo de tal carma?*

Ramatís: Mesmo com todo o esforço em se fazer o bem por outras vias, será necessário o ajuste no "cara a cara", olhando um nos olhos do outro, pois aquele "código de barras" cármico só será interpretado e desfeito por aqueles que o criaram. É o verdadeiro perdão, de ambos, com sinceridade e profunda vontade de querer o bem "do seu desafeto" que desfará o nó que os prende. Esse agente é inevitável, e terão sim de conviver, por quantas existências corporais forem necessárias, até que uma pessoa possa dizer a outra que a ama na mesma intensidade que a si própria e sobretudo como ama a Deus.

Pergunta: *A respeito desses jovens de hoje, os que se mostram inconsequentes em seus atos, que promovem a violência em nossa sociedade, sabemos que pelas suas inclinações nas práticas do mal, esses são espíritos mais atrasados e desconhecedores de suas* *responsabilidades espirituais. E acerca dessas tragédias geradas por jovens sem limites nem responsabilidades, que os tornarão os homens da criminalidade do amanhã, os seus pais, por não conseguirem evitar essa tragédia, possuem culpa a ponto de gerarem carmas contra si mesmos?*

Ramatís: Se faltarem nas suas responsabilidades em educar, disciplinar e amar os seus filhos, certamente possuirão tanta culpa quanto o algoz das suas ações.

Pergunta: *Essas relações entre pais e filhos, atualmente, são mais por processos encarnatórios de ajustes do que por afinidade espiritual? Pergunto isso, até por vermos a tamanha desarmonia nas relações entre pais e filhos de hoje. Poderia nos dizer algo sobre isso?*

Ramatís: Por este plano ainda estar voltado à vivência da regeneração, é natural que a proporção dos nascimentos seja maior por ajuste espiritual. As adversidades passadas entre espíritos, despreparados para a lei do amor, os colocam no cenário das próximas encarnações por aprendizes em comum de um mundo que terão de progredir juntos. O Criador, na sua magnânima sabedoria e amor, promove o reencontro dos desafetos e desajustados, para viverem com o propósito de união e amor, a fim de despertar neles os sentimentos de perdão, de paciência e de solidariedade.

Pergunta: *Seria uma 'segunda chance' para o despertar pelo amor?*

Ramatís: O espírito não foi criado para sofrer. A maior escola espiritual é o amor, e este é compreendido mais cedo ou mais tarde, pois este é o curso natural e imutável da lei divina. Para os que não compreendem a linguagem do amor, percorrerão por um período a estrada das dores, que disciplina o espírito. Mas mesmo nessas provações, sempre estarão os braços do perdão e da misericórdia divina estendidos aos caídos.

Pergunta: *Este 'ajuste' de espíritos que encarnam na mesma família é inevitável desde o momento em que ocorreu a 'desavença'?*

Ramatís: A partir do momento em que ocorreu a "ação", existiu uma causa e essa causa gera uma consequência. Essa consequência cria uma identidade fidedigna em todo o universo, de caráter único. E isso marca o psiquismo dos que a criaram e sofreram essa ação. É como se fosse dado um código de barras único para os envolvidos na ação, e este código só é reconhecido por ambos e automaticamente estarão em constante atração energética. Essa atração transcende os planos físicos e somente será desfeita quando esse carma for "queimado" pelo perdão, pelo discernimento e pela consciência.

Pergunta: *O que acontece espiritualmente ao indivíduo que faltou com as suas responsabilidades na família, sendo no descaso com os filhos, traição, ou abandono do lar?*

Ramatís: Sendo espírito em evolução sofrerá no âmago de sua alma o sentimento martirizante da falta pretérita. A sua consciência espiritual, manifestada após a desencarnação, mostrará o quão foi prejudicial a si e aos seus irmãos confiados à sua responsabilidade no plano terreno. Tomando consciência de sua falta, lhe angustiará de tal forma a mente regida pela consciência que esse espírito entrará em profundo desânimo e arrependimento, a ponto de entrar em desequilíbrio profundo, e como uma espécie de "flash back" passarão as lembranças dessas falhas a todo instante, como se fosse um interminável filme de amargura, e só ecoará em seu coração vazio a voz de que é necessário repensar tal descaso. Com isso, é comum formar-se nos planos de auxílio filas gigantescas de espíritos desequilibrados implorando por uma nova chance no plano terreno, para resgatar as suas falhas com aqueles com que lhe foi confiada a missão de tutela, proteção e necessidade de trabalho na jornada terrena.

Pergunta: *E nos dias atuais, isso seria uma atenuante maior a essa falha com a família?*

Ramatís: Devido "ao final dos tempos", muitos espíritos estão tendo a sua "última chance" de encarnação. Com isso, não há dúvida que é necessário aproveitar esta última oportunidade ao máximo. E a consciência desta última chance surge logo no retorno ao Plano Espiritual, sendo que se esse espírito não a aproveitou da maneira eficaz, com certeza será mais um peso para o maior dos castigos, que é a cobrança do seu próprio eu sobre as suas faltas. Na verdade, Deus não pune ninguém. Ele ama. Quem pune é a própria consciência espiritual, que exige a todo instante evolução na caminhada do espírito.

Pergunta: *E como fica este espírito que veio como filho e foi abandonado, ou que não recebeu os cuidados paternais para que possa ter estruturada educação, para que tenha uma saudável e produtiva vida adulta?*

Ramatís: Certamente, sofrerá com a falta do pai ou da mãe, com aqueles que deveriam disciplinar e amar para buscarem juntos o crescimento espiritual. Porém, será menor que os pais que o abandonaram. Terá de buscar em si e no caminho mais duro, o que faltou no seu crescimento na infância e início da idade adulta. Caberá a ele, pelo livre-arbítrio, escolher qual o homem que se tornará.

Pergunta: *Mas, os tantos exemplos de filhos que se desvirtuam pela vida, que têm inegável contribuição da falta de estruturação familiar?*

Ramatís: Ele terá sempre a escolha, e não é uma regra seguir o caminho desvirtuado da vida. Deus sempre coloca possibilidades de seguir o caminho do bem. Por pior que seja a provação do espírito, sempre a porta para ele estará aberta. Vai depender desse espírito ter força para entrar e percorrer pelo caminho do bem que nem sempre é fácil. Dependendo de sua provação, será um caminho de muitos espinhos e pedras.

Pergunta: *Uma dificuldade, igual à relatada anteriormente, é uma prova cármica?*

Ramatís: Ninguém carrega um fardo maior do que se possa carregar, já dizia Jesus. E não existe injustiça divina. Se for preciso um espírito passar por tal provação é porque essa é a melhor maneira para a sua depuração espiritual. A desestruturação familiar que assola grande parte dos homens é fruto da ignorância espiritual. A família, com sua estrutura, é o primeiro educandário da jornada reencarnatória do homem. Nela o espírito vai se desenvolver, aprender, tolerar, disciplinar, adquirir responsabilidades, e serão assimilados os exemplos gerados pelos seus tutores, e estes serão os grandes guias que moldarão os costumes e a boa postura do homem na sua idade adulta.

Pergunta: *Sabemos que já estão encarnando os chamados 'eleitos' da Nova Era, isto é, espíritos já em avançado grau de discernimento espiritual, porém sabemos que também estão encarnando espíritos com 'a última chance' de regeneração, e isso aumenta mais a responsabilidade dos pais que o receberão. O que dizeis a respeito?*

Ramatís: Tens razão na tua explanação. Os eleitos virão e ao encontrarem seus pais como guias, serão filhos questionadores, humildes, de grande capacidade crítica, aversos a dogmas, rituais, e condicionamentos mundanos. Esses terão e reconhecerão seus pais como guias, protetores e também os ensinarão muito durante o convívio da caminhada terrena. Os pais, tendo noção de sua responsabilidade ou não, dificilmente terão uma influência negativa perante os seus tutelados. Porém, aqueles espíritos ainda retrógrados e que encarnam na última chance neste final dos tempos, terão em seu pai o seu espelho e as rédeas curtas para a disciplinarização necessária para ajustar a sua alma à frequência do caminho da Luz, que é o desenvolvimento, o progresso e a evolução espiritual.

Pergunta: *O que poderia nos dizer para encerrar este capítulo?*

Ramatís: Que é preciso o homem tomar consciência da importância que existe na estrutura familiar. A família é o primeiro grande presente de Deus aos seus filhos, e que lhe outorga naquele instante a responsabilidade de guiar, amparar, disciplinar, amar e direcionar os seus tutelados para os valores crísticos. Os princípios básicos de honestidade, amor, respeito, tolerância, cumplicidade, responsabilidade e disciplina são transferidos pelos pais aos filhos, desde o seu nascimento. A bagagem espiritual da criança traz todas as virtudes adquiridas, assim também as fraquezas das suas experiências malsucedidas. Cabe aos pais direcionar e aprimorar essas virtudes na criança que chegará a homem, do mesmo modo disciplinar e trabalhar nela as suas fraquezas e vícios. O homem do futuro será, em grande parte, reflexo daquilo deixado de herança pelos seus progenitores. Lembrem-se, que a vida é uma constante escola em que todos serão avaliados, não pelo que fizeram, mas sim pelo que deixaram de fazer. Será seguido pelos exemplos deixados, pela conduta, caráter e pela grandeza de coração. Seus filhos serão a consequência do que desejarás que eles sejam e saberás se foram vencedores nessa missão pela tua luta e exemplo de vida.

CAPÍTULO 7

A TRANSIÇÃO DA CIVILIZAÇÃO DOS ELEITOS DA NOVA ERA

O orbe terráqueo, na eminência da transição planetária para um patamar evolutivo mais avançado, já se encontra em intenso processo de renovação. Desde o século passado, o Plano Superior já iniciou a renovação da civilização terrena, com a sistemática reencarnação de espíritos de elevado grau evolutivo, já conquistado nas experiências pretéritas e que obtiveram do Pai Celestial o aval para continuarem o seu progresso espiritual e também auxiliar com a missão de implantar a consciência aquariana no planeta Terra.

Esses espíritos são notoriamente diferenciados. Possuem características marcantes e peculiares que denotam a altivez e o pensamento sempre situado no progresso, com ideias que situem o homem na convivência fraterna e pacífica.

São dotados de considerável praticidade para tomar decisões, sempre embasadas na luz da razão, da moralidade crística. Pensam sempre no coletivismo, rejeitam o conservadorismo de ideia presa a dogmas, ou ritualismos e tradições de culturas. Agem em pensamentos de integração com o universo, não se prendem à pequenez do que circunda a Terra. Sabem, por meio da sua estirpe espiritual, que fazem parte de um plano infinito de sabedoria universal. Dificilmente, se moldam a uma corrente religiosa, são universalistas por natureza, a não ser que tenham a missão de auxiliarem no progresso de determinada religião, quebrando as correntes dogmáticas e conservadoras dos rituais, sectarismos, inflexibilidade e ignorância dos líderes religiosos.

Esses espíritos não se moldam a sistema terreno algum. Possuem opinião formada e de maneira ponderada se fazem entender. São avessos às baixas sintonias do sistema material que hipnotiza o homem atual. São de notável inteligência, amorosos e sensíveis com o sofrimento alheio. Enérgicos e pontuais em suas opiniões. São extremamente disciplinados, possuem alto poder intuitivo, encontrando na oração o canal direto com o Plano Espiritual, na busca da inspiração para tomar decisões de importância a si e para as pessoas que dele dependem. Agem com imensurável dedicação aos seus afazeres, principalmente no trabalho, sempre procurando servir a sociedade, buscando soluções para problemas de âmbito coletivo. Neste patamar atual planetário, serão admirados por aqueles que forem tocados pela luz de suas ideias. Serão incompreendidos pelos ignorantes, mas serão os responsáveis pela implantação da Nova Era no plano terráqueo, para que o processo de transição seja realizado da maneira mais proveitosa para todos que nela estão.

Esses espíritos são oriundos deste próprio plano e viveram as experiências encarnatórias da mesma maneira que vós, porém já deram os passos concisos no campo da moralidade, fraternidade e consciência em amar os demais, do mesmo modo que aprenderam a utilizar os recursos naturais a que são oferecidos pelo Criador a todos os seres deste planeta.

Muitos deixaram grande legado no campo das artes, na escrita, no campo das invenções tecnológicas, que impulsionaram o homem para a modernidade. Muitos foram grandes educadores que idealizaram um mundo melhor através de sistemas de didática mais absortiva aos seus alunos, libertando a mente para o raciocínio e o desenvolvimento mental.

Grandes filósofos do passado voltarão para consolidar os seus trabalhos no campo do saber. Muitos dos eleitos já estão chegando, prontos para auxiliar a humanidade diante da separação do "joio e do trigo".

Na área da saúde, abnegados cientistas do passado virão novamente para implantar uma Nova Era no campo da ciência. Esta deixará de ser um eixo cartesiano e passará a ser mais contemplativa, aberta à integração com o que chamam hoje de fenômenos espirituais, parapsicologia, paranormalidade e a tudo que transcende a matéria, no que tange atualmente ao chamado metafísico. Estarão colocados sistematicamente em setores chaves do progresso humano.

No campo político, tão impregnado de espíritos atrasados, estarão ocupando posições estratégicas, para evitarem atritos exacerbantes entre os povos e as culturas distintas. Mesmo com grande influência de dominação dos espíritos da "esquerda do Cristo" serão determinantes para obstruírem o avanço das guerras fratricidas e ideológicas, que estão sempre a ponto de eclodir no planeta. Esta encarnação será sistemática e contínua, e estará se intensificando nas próximas duas décadas, o que contrastará com o aumento do desequilíbrio das mentes atrasadas que habitam o planeta, animalizados e cada vez mais atraídos pela hipnose do astro que se aproxima.

Para aqueles que estão longe da sintonia com o bem, será difícil reconhecê-los na jornada terrena, pois estarão imantados pelo negativismo das forças inferiores e da matéria que sufoca o espírito em busca da evolução. Serão esses irmãos iguais a um foco de luz na escuridão, onde se encontra a humanidade.

Além desses abnegados espíritos, muitos de vós estarão sendo chamados para a grande tarefa. É preciso estar preparado a fim de saber agir corretamente, buscando auxiliar na implantação de uma nova escola evolutiva para a humanidade. Como disse o Mestre Nazareno: "Muitos serão os chamados, mas poucos serão os escolhidos".

É preciso acalmar a alma inquieta e cansada de tantos erros, sentir a sua voz interior, para que encontre a sua verdadeira essência, sem deturpações, apenas sentir o que realmente é. Desse modo, estará conectado à Essência Divina e dessa maneira poderá auxiliar, verdadeiramente, a si próprio e ao seu próximo.

Os espíritos iluminados que estão encarnando são vossos guias nestes dias difíceis que virão. Mas, para poderem segui-los e trabalhar com eles, será necessário reconhecê-los no meio de todo este desequilíbrio que o mundo atual atravessa.

Saberão reconhecê-los quando estiverem sintonizados com eles, e assim com o Plano Superior. Esta será a maneira mais fácil, pois tais irmãos não serão reconhecidos pelos feitos ou pelo destaque que o mundo material os coloca atualmente. Serão reconhecidos pelo trabalho humilde e árduo, no campo da fraternidade, da caridade, e do despertar das mentes escravizadas. Não vão querer nada em troca, tampouco reconhecimento. Estarão felizes pelo simples e notório fato de serem os instrumentos da vontade divina, no ajuste de forças para o bem-estar coletivo.

O convite para esse imenso trabalho é para todos, e o Plano Espiritual conta com a participação de cada um, para que a humanidade avance com passos concisos para a Era de Iluminação que está por vir.

Ramatís

PERGUNTAS DO MÉDIUM

Pergunta: *De acordo com o que mencionastes anteriormente, o mundo já está recebendo espíritos mais evoluídos, e que já possuem vibração suficiente para permanecerem aqui na chegada da Nova Era. Poderias nos falar algo a mais sobre isso?*

Ramatís: Esses irmãos já possuem o coração lapidado pelas inúmeras existências no orbe terreno. Aprenderam a lição dos primeiros passos na escola primária da vida. Eles já reconhecem o amor como principal conexão com o próximo, com isso já adquiriram um patamar mais elevado de relacionamento com Deus e consigo mesmos. Serão focos de luz em meio às sombras que perduram atualmente na humanidade.

Pergunta: *Essa encarnação de espíritos elevados é sistemática e constante neste período de fins dos tempos, conforme mencionastes. Mas, em relação à distribuição geográfica no planeta, no que tange às regiões, e até os povos e etnias, existe alguma centralização maior em determinada região e povo, dependendo da missão a executar?*

Ramatís: O Plano Espiritual, através dos Engenheiros Siderais, possui um delineado estudo e total controle do processo de transição do planeta Terra, que migrará da era das sombras para a Era Aquariana ou chamada Era da Consciência Crística. Dessa maneira, estão encarnando espíritos evoluídos dentro de regiões delineadas pelos aspectos evolutivos que compõem o todo que une o planeta. Cada povo, de acordo com a sua aura coletiva, cada região, de acordo com o seu avanço ético e cultural, receberá espíritos responsáveis pela missão de alavancar o desenvolvimento intelecto-espiritual dos homens, seja no campo social e político, nas religiões enrijecidas no tempo, na cultura de cada etnia, tendo o progresso por constante tema. O homem não é ostracismo, o homem é um espírito que vive em constante transformação, porque o espírito é dinâmico, por natureza da Criação Divina.

Pergunta: *Mesmo recebendo mensagens de que os eleitos já estão encarnando sistematicamente em nosso planeta, em meio a tanto negativismo, fica difícil notar que existam esses irmãos no nosso meio, o que tens a dizer?*

Ramatís: Não existem as trevas, o que existe é a falta da Luz. O homem presencia as sombras porque é dessa maneira que ele está vendo tudo. Ao mesmo tempo que se mostra todo esse desequilíbrio humano, existem Luzes que trabalham constantemente pelo equilíbrio de todos. O que ocorre é que a sintonia humana está emergida. É muito semelhante àqueles que estão em sofrimento nos umbrais. Quando os espíritos de auxílio adentram tais regiões enfermiças, ocorre uma grande mudança vibracional, com parte das sombras se dissipando conforme emanam as Luzes desses espíritos equilibrados. Mesmo assim, são poucos os espíritos que estão ali, que percebem essa aproximação, tal o seu estado de torpor mental que bloqueia os canais espirituais. O resultado é a não percepção da companhia benfazeja, pois estão sintonizados no patamar do medo, ódio, depressão, revolta e embrutecimento no coração. Os planos extrafísicos são o espelho do que viveis na matéria, sendo essa vida física uma cópia fiel dos demais planos. Assim, a humanidade enxerga o que o seu mental atabalhoado lhe sugere enxergar.

Pergunta: *Então, esses espíritos estão mais próximos e convivendo diretamente conosco mais do que pensamos?*

Ramatís: Com certeza, estão mais próximos e perceptíveis àqueles que se desligam da matéria exacerbada. Os que procuram se espiritualizar e sintonizar com valores crísticos, certamente, notam já a diferenciação espiritual que já está ocorrendo entre os homens.

Pergunta: *Em relação ao progresso da transição e à chegada de espíritos já eleitos para a Nova Era, encarnando para auxiliar nesse processo, parece difícil de entender como poderá ocorrer esse processo* *desde agora, com a humanidade em intenso desequilíbrio. Essa 'massa' em grande maioria não dificultará ou até impedirá as ações dos missionários da Nova Era, digo isso, principalmente no campo da ciência, política e religiões. Poderia nos esclarecer isso melhor?*

Ramatís: O progresso é constante na dinâmica da vida. E esse progresso é a vontade absoluta do Pai. Dessa maneira, a evolução dos processos vibracionais é uma lei imutável e sempre será cumprida nos mais diversos caminhos ao qual se adapte a situação do momento. E o momento planetário é o de avançar. Isso será cumprido, e esse avanço vibracional já está batendo às portas para se concretizar. Os espíritos que já estão encarnando com a missão de auxiliar na transição da Era de Peixes para a Era Aquariana estão recebendo todo o apoio de que precisam do Plano Superior. Cada um que regressa à carne já dispõe do auxílio de dezenas de "sentinelas" espirituais, que são e serão os seus protetores e guias durante a sua estada terrena. O desequilíbrio instalado na humanidade atualmente, devido à imaturidade espiritual da grande maioria dos encarnados, irá transpor grandes dificuldades a esse projeto de renovação. Porém, todas as metas traçadas pelo Alto serão cumpridas. A humanidade tem tido várias provas durante toda a sua História recente de que os planos para alcançar a evolução já foram implementados. Entre inúmeros, podemos citar a implementação na crença de um Deus único, mediante a época de culto ao politeísmo pela humanidade. Iniciou-se o projeto no antigo Egito, com Akhenaton, no culto ao Deus Aton ou Sol, criando no interior dos homens a crença em uma única linha de conexão com o Criador, descaracterizando a visão politeísta da época de sacrifícios e rituais sem valor algum aos olhos de Deus. Esse projeto, mesmo não tendo o impacto para a humanidade na época, despertou, através da semente plantada, o caminho para que mais tarde, com a missão de Moisés, atuando com mãos de ferro na esfera e consolação da crença em um único Deus, sendo implantada definitivamente com o Cristianismo trazido ao mundo através de Jesus, colocando naquele instante os pilares sólidos e indestrutíveis da devoção a um Deus, uno, onipresente, onisciente e onipotente, que acima de tudo é puro amor aos seus filhos e que os trata com a mais absoluta igualdade. Vós refletireis sobre este ponto e vereis que o projeto foi implementado com sucesso, nesses três estágios citados. Todos foram exitosos, de acordo com as possibilidades de cada época. As bases para a elevação espiritual foram criadas, e o Criador deu aos homens há mais de 2000 anos a possibilidade da vinda de Jesus e mais inúmeros missionários para que, através do esclarecimento, proporcionasse à humanidade a possibilidade de uma consistente evolução espiritual. Porém, poucos entenderam esta mensagem nestes dois milênios. Mesmo com inúmeras encarnações, provas e possibilidades de escolha, os homens não abriram os olhos para a realidade do espírito. Com isso, agora resta pouco tempo para que reflitam naquilo que não refletiram durante todo este tempo.

Pergunta: *Esses 'escolhidos' que estão encarnando são espíritos oriundos deste nosso planeta ou existem também espíritos que virão auxiliar de fora de nosso sistema planetário?*

Ramatís: O auxílio sempre existiu por parte dos espíritos mais adiantados e sintonizados com campos vibracionais mais elevados. A Terra está passando por uma fase de renovação e essa renovação está sendo esperada não só pelos espíritos que pertencem a ela, mas também por espíritos de outros orbes, pois como são adiantados e possuidores de uma consciência espiritual mais expandida, desejam que os seus irmãos em desenvolvimento em degraus inferiores possam galgar nova etapa rumo à Luz. Esses espíritos auxiliam constantemente, porém de uma maneira mais direta, trabalhando no plano extrafísico. Atuam principalmente em trabalhos de limpeza da carga negativa que extrapola os padrões de sustentabilidade da Terra, instruem os espíritos mais avançados em ação no orbe para ações mais positivas neste momento difícil de transição. Protegem os portais para que seres como magos das trevas não se utilizem dessa carga tóxica para extrapolar o que já está no limite, que são as guerras fratricidas, a miséria mundial, a fome nas nações mais pobres, governos corruptos e desumanos. Podemos afirmar que esses irmãos mais evoluídos não pertencentes vibracionalmente a este planeta são os que mantêm os limites para as ações desses magos negros, mantendo um sistema vibracional que não permite a disseminação maior da perversidade montada sobre a hipnose dos que habitam a Terra e extrapolem para um desequilíbrio de danos irreversíveis. Isso vos prova que tudo funciona em equilíbrio nas engrenagens da infinita máquina Divina. O desequilíbrio que vos parece hoje é um desequilíbrio necessário para o ajuste das mentes ainda aprisionadas aos instintos inferiores. Este "caos" aos olhos de Deus não é mais que um momento necessário de reflexão para esta humanidade que ainda nega a sua própria essência evolutiva. Portanto, esses irmãos já não pertencentes ou que nunca pertenceram à vibração terrena, auxiliam de maneira constante, mas raramente encarnarão para missão na Terra, pois essa missão está a cargo daqueles que já passaram pelos testes dessas experiências no planeta azul, e que agora possuem toda a bagagem para abrir os caminhos de um novo tempo para a humanidade que herdará o terceiro milênio.

Pergunta: *Poderias nos falar algo mais acerca desses espíritos não pertencentes à egrégora do planeta Terra que nos auxiliam nesta transição planetária?*

Ramatís: Deus fez o universo como lar de todos os seus filhos. Todos os pontos deste universo são habitáveis e habitados por seres que possuem a missão de dar procedimento ao seu trabalho de Arquiteto Universal. Somos todos pertencentes a uma gigantesca e única família, irmãos de um único Pai, que apenas se diferenciam no grau evolutivo que já alcançaram. O planeta Terra, desse modo, está interligado a esta imensa malha familiar, sendo esta, uma engrenagem que gira em compasso com as infinitas outras para o equilíbrio universal. Desse modo, esses espíritos mais adiantados, profundos conhecedores das leis universais, possuindo a sabedoria que falta aos homens, atuam no auxílio para que a transição planetária humana seja realizada com sucesso. Eles enxergam os homens por irmãos ainda sem maturidade espiritual, que precisam lapidar-se para que a sua Luz interna seja irradiada. Suas ações de auxílio, de maneira alguma interferem no livre-arbítrio humano, pois sabem que as decisões devem ser tomadas por cada um, no que sentem no âmago de suas essências, para que de fato, através dessas experiências, o espírito possa avançar alguns passos rumo à angelitude. Esses espíritos agem nos planos extrafísicos, organizando as energias dissipadas pelas formas-pensamento provindas da imaturidade humana, equilibrando essas energias e principalmente transformando a alta carga deletéria causada por essas formas-pensamento em energia de carga nula, isto é, desfazendo as vibrações enfermiças que sufocam o Plano Astral situado no planeta Terra e que interferem diretamente nas ações do mental coletivo humano.

Pergunta: *Esses seriam os chamados Engenheiros Siderais?*

Ramatís: Cada um auxilia de acordo com o seu grau evolutivo, estando dispostos em várias áreas de atuação. Os Engenheiros Siderais estão dispostos em magnitude mais ampla, não pertencendo à vibração desta galáxia. Não provêm mais de corpos densos, são essencialmente mentes de alta organização e de difícil entendimento para a linguagem humana. Um exemplo próximo é o do Cristo Planetário, que é a entidade de natureza arqueangélica, responsável pela organização do planeta Terra. Por ser altamente evoluído, não tem mais a capacidade de se representar em sua integridade em corpos densos, de tal modo que se faz presente aos homens somente por canalizações em seres altamente evoluídos, em relação à normalidade humana, como Buda, Krishna, Moisés, Maomé e o mais fidedigno médium que foi Jesus. Desse modo, esse auxílio parte de seres das mais diversas estirpes, desde essas entidades de magnitude energética elevada até colaboradores pertencentes a esta galáxia, de grau evolutivo mais baixo, mas ainda muito acima do padrão humano.

Pergunta: *Desses colaboradores de nossa galáxia, existem planetas que estão auxiliando de maneira mais contundente a nossa transição?*

Ramatís: Existem alguns planetas que auxiliam de uma maneira mais direta as atividades humanas. O planeta Júpiter contribui muito com seres altamente intelectualizados e de elevado psiquismo, que intuem os humanos nos planos das artes, da ciência, e no desenvolvimento dos chacras coronário e frontal do espírito humano. Estão muito atuantes no desenvolvimento dessas faculdades para o espírito do terceiro milênio terrestre. De Marte, muitos são os espíritos que atuam para o desenvolvimento humano na parte da engenharia, da proteção dos recursos naturais do planeta Terra e principalmente para conter a degradação devastadora do meio ambiente terreno. São esses que intuem os homens para as conferências, organizações e encontros políticos para soluções que diminuam a poluição, devastação das florestas, e ações que reduzam o aquecimento do planeta. E o principal planeta de atuação na civilização terrena é o planeta Vênus, berço originário da implementação da civilização do planeta azul, desde os seus primórdios de Criação. Deste planeta é que vieram os principais avatares que alavancaram o desenvolvimento espiritual da humanidade. Foram por muito tempo os tutores do planeta azul. Atuam principalmente no desenvolvimento do amor, da fraternidade, tolerância, espiritualidade e da religiosidade. Eles estão diretamente relacionados ao desenvolvimento dos homens, desde os tempos primórdios da civilização.

Pergunta: *Então podemos dizer que o planeta Vênus é o nosso tutor, desde a criação do nosso planeta?*

Ramatís: Os espíritos que habitaram o planeta Vênus foram os grandes implantadores do projeto de povoamento do planeta Terra. Porém, o dinamismo evolutivo permite que vários outros povos de elevada estirpe espiritual contribuíssem de maneira decisiva no progresso dos homens no planeta azul.

Pergunta: *Poderíeis dar as suas considerações finais sobre este capítulo, e se possível, nos passar mais algumas informações sobre a vinda dos eleitos ao plano físico e as suas ações no processo de transição planetária?*

Ramatís: O processo de transição planetária não se dá somente pela encarnação sistemática de espíritos adiantados moral e espiritualmente. O próprio plano físico está em transformação. A energia material que compõe o globo terrestre está em processo de reagrupamento dos átomos que as compõem. Essa energia de caráter mais grosseiro está gradativamente mudando, com o enfoque de transformar o plano físico compatível para o patamar de civilização que povoará o planeta futuramente. Esse reagrupamento de átomos está dinamizando a matéria de modo a deixá-la mais sutil e menos densa. Esse é um processo contínuo, porém nos últimos séculos está se intensificando, para que o planeta atinja um patamar vibracional mais elevado. Devido ao atraso moral da humanidade, existe uma disparidade energética descomunal com os seus planetas vizinhos, o que dificulta o alinhamento energético da galáxia em que viveis atualmente. Essa disparidade está em desacordo com o processo evolutivo desse sistema galáctico, o que implica um ajuste vibracional do planeta Terra, para que este volte a se realinhar de acordo com a marcha evolutiva a que foi proposta, desde a sua criação. Os eleitos já estão alinhados com essa vibração, é por isso que o astro é necessário como "veículo de transporte" para os vibracionalmente desajustados. Os 2/3 de espíritos que serão atraídos pelo astro não possuirão as condições mínimas energéticas para permanecerem nem neste orbe, nem neste sistema planetário. A carga deletéria imantada em seus corpos espirituais constitui um peso que não permite a possibilidade de atingir os mínimos patamares de consciência, tolerância e fraternidade. Os próprios desajustes climáticos, como instabilidades nas estações do ano, períodos de estiagem, chuvas torrenciais e demais intempéries, também já são consequências desse reagrupamento energético da matéria densa. O prana, que é o fluido cósmico universal, formador da matéria densa, está em hiperexcitação em vossa atmosfera, o que pode ser notado pelos que possuem clarividência, sendo essa agitação mais acelerada em relação ao estado normal da matéria. A transição, seja qual for, implica mudanças, e mudanças exigem esforço e desprendimento de energia. Desse modo, ela se conflita com a estagnação, ostracismo, e estas duas não são compatíveis com a evolução espiritual. A principal mensagem que podemos deixar aos nossos irmãos é que estão vindo à Terra muitos espíritos de elevada estirpe espiritual, que serão os responsáveis por importantes mudanças na estrutura atual da humanidade. Mas, a principal missão desses é a de despertarem os demais encarnados para se engajarem nesse projeto de renovação planetário. Esses já possuem as condições de serem os grandes obreiros da mudança para a Nova Era. Muitos, quando despertarem, verão que não somente identificarão esses seres evoluídos, mas também tomarão consciência de que são os escolhidos para trabalharem na missão de renovar o planeta, nas suas ações, com consciência, fraternidade, discernimento e principalmente ação, e promoverão a mudança. Tenham a certeza de que cada um de vocês que busca o reencontro com a sua espiritualização faz parte desse projeto. Foram escolhidos para viverem neste momento crucial para a humanidade. Esperamos que vós adquirais a consciência de que a hora de ação é imediata e que estais encarnados atualmente por merecimento, incumbidos de atuar diretamente no processo de renovação planetária. O amor vos sintonizará em uma única corrente que promoverá a mudança que está anunciada.

Capítulo 8

Ciência e Espiritualidade

A civilização terrena marcha em constante desenvolvimento espiritual e intelectual, sendo que um dos pilares dessa evolução está alicerçado no conhecimento. O conhecimento é que permite o discernimento do bem e do mal, do certo e do errado. É o conhecimento que traz ao homem a luz do raciocínio, que confere equilíbrio para tomar as melhores decisões na sua caminhada. É o desenvolvimento dessas faculdades intelectuais que permitem com que sejam dados passos concisos para que o homem saia do estado de animalidade para se lapidar rumo à angelitude.

Neste contexto, o Plano Criador colocou nas mãos da humanidade um precioso instrumento de evolução das suas capacidades mentais e psíquicas, que auxilia no descobrimento da interação homem-matéria, homem-espiritualidade e autoconhecimento. Esse instrumento faculta à humanidade entender as suas relações com a sua natureza, o planeta, o cosmos. Permite que a humanidade se aprimore constantemente nas suas relações sociais, no bem-estar e na qualidade de vida física e espiritual, explore os seus sentimentos e aflore as suas qualidades. Essa ferramenta ou instrumento Divino possibilitou ao homem romper com as amarras do ostracismo, dos dogmas das religiões, mostrando um novo conceito de Deus e de sua Criação, e principalmente que existe um elo entre ela e a Espiritualidade. Esse instrumento é denominado de Ciência.

Desde o início da civilização terrena até a atualidade, a ciência tem se confrontado diretamente com as religiões e suas crenças, levando-se a dúvida da existência de Deus pela maioria dos cientistas. Mas, vos digo que a ciência foi criada pelo Plano Superior com o propósito de elucidar de maneira racional, sistemática e metódica, não só a existência de Deus, mas explicar o processo de evolução espiritual, a imortalidade do espírito, os processos reencarnatórios, assim também como a existência de planos extrafísicos, dando ao homem a consciência de que ele interage não só consigo, mas também com todo o universo.

A ciência veio com o propósito de mostrar à humanidade o desenvolvimento de suas potencialidades, com contribuição direta no seu desenvolvimento e no desenvolvimento de todos os seres. A ciência sempre se dispõe a contribuir em todas as fases de expansão da criação humana no planeta azul. Assim foi nas antigas civilizações como a Atlante, com tecnologia muito mais avançada do que dispõem os homens atualmente. Assim, foram desenvolvidas as manipulações da energia vril na Atlântida, desmistificando as teorias de que o seu uso era bruxaria ou poderes sobrenaturais.

Os astrólogos que possuíam domínio da ciência chamada astrologia, de modo intenso, com extrema precisão, poderiam prever através dos astros as melhores épocas para plantio na agricultura, que através dos astros traçavam planos de cura para o auxílio na medicina da época, com o alinhamento dos planetas que dispunham de sintonia com o paciente, promoviam efeitos eficazes no alinhamento dos chacras, equilibrando mente e corpo, diminuindo os efeitos de diversas enfermidades e muitas vezes atuando como potente agente profilático de diversas moléstias, que pelo profundo conhecimento da ciência material, aliada à ciência espiritual, já tinha extrema noção de que as moléstias viriam a aflorar no corpo físico, devido às doenças da alma, origem dos processos enfermiços no corpo material.Toda essa bagagem de conhecimentos foi abreviada ou esquecida com a submersão Atlante depois do cataclismo sofrido na época. Porém, muitos ensinamentos foram propagados com os dissidentes que ajudaram a desenvolver as civilizações Maia e Asteca na América do Norte, assim também a civilização Inca, na América do Sul, do mesmo modo a civilização egípcia na África. Essas também foram esquecidas com o fim dessas civilizações, que dispunham de mais conhecimento e abertura espiritual do que a humanidade atual.

Com o avanço do tempo, a humanidade vai desenvolvendo sua atividade intelectual, desenvolve-se a escrita, a linguística, os meios de comunicação, entre cidades, países e continentes. Todo esse avanço faz parte do aperfeiçoamento humano, aperfeiçoamento espiritual e moral.

A Espiritualidade contribui de maneira direta para o desenvolvimento das faculdades humanas, sendo nas instruções passadas pela intuição, mensagem mediúnica, inspirações. E a ciência constitui-se em um elo que permite esta interação homem e espírito, ou planos extrafísicos com o plano encarnatório.

Os planos extrafísicos, ou como vós chamais de "o lado de cá", transmitem aos encarnados, por meio das inspirações e das intuições, as informações necessárias que promoverão as grandes descobertas e os grandes avanços no campo científico, que fomentarão os avanços nos diversos aspectos que norteiam a humanidade.

O Plano Astral já possui todas as informações pré-formadas que serão passadas aos homens e que implicarão avanços na ciência moderna. Em verdade, nos planos extrafísicos é que estão os verdadeiros laboratórios com as informações prontas para serem passadas para a humanidade. Estes planos possuem vários níveis de informação, dependendo do merecimento, momento e finalidade para serem repassados aos homens, para contribuição direta nos avanços científicos, filosóficos e culturais.

Os planos que são destinados à assistência da ciência humana pertencem a um complexo e avançado sistema de busca de informação, e que muitas entidades com excepcional inteligência são responsáveis em manter nestes planos. Existe uma imensa biblioteca de buscas, para informações destinadas não somente para "baixarem" ao plano físico, através das inspirações e intuições, mas também proporcionar que desencarnados e encarnados, em desdobramento, possam vir consultá-los e, desta maneira, também promoverem a informação para o avanço das atividades humanas no planeta azul. Existem também, nestes planos, imensos setores com inúmeros anfiteatros, que periodicamente recebem professores do extrafísico, que ministram aulas das mais diversas áreas da ciência moderna, e do mesmo modo recebem palestrantes "ilustres" de elevadíssima estirpe espiritual, para ensinar a milhares de discípulos, que posteriormente auxiliarão no avanço científico, cultural e tecnológico do homem moderno. Desses palestrantes, a grande maioria provém de outros planetas e sistemas galácticos, assim também aqueles que já passaram pelos planos materiais do vosso orbe e que deixaram grandes ensinamentos e progressos nos mais diversos campos do conhecimento humano. O fato é que esse sistema funciona tal qual grande dínamo inspirador de milhares de cientistas que trabalham em prol do desenvolvimento da ciência do mundo moderno.

Aqueles sintonizados com os Mentores Espirituais e com os Planos Superiores conseguem contribuir com grandes obras em seus trabalhos na matéria. Isso porque é vontade do Pai Maior que o homem progrida em suas experiências e que avance espiritualmente e que tenha, no conhecimento, um de seus pilares de desenvolvimento moral, afetivo e emocional. Hermes, o Trismegisto, já relatava esta interação dos homens e os planos extrafísicos na sua expressão deixada há milênios:

Tudo que está em cima também está embaixo e tudo que está embaixo também está em cima.

O iluminado da Antiguidade, há milênios já deixava a "dica" de que o plano material é apenas uma cópia grosseira dos planos não materiais e que nada se cria na matéria, tudo é repetição, e que originalmente provém de outro plano, não conhecido entre os homens. A ciência humana faz o "download" das informações contidas no astral e, dessa maneira, promove o progresso da civilização humana.

A tecnologia que o extrafísico dispõe para passar aos homens, comparada à que vós tendes atualmente, é descomunal. Existem avanços quânticos para as mais diversas áreas da ciência, prontos para serem transmitidos, o que o homem precisa fazer para obtê-lo é, primeiramente, merecê-lo.

Com a tecnologia que os homens possuem hoje já está demasiadamente perigoso manter a vida em vosso planeta. O uso errado do conhecimento para essa tecnologia provinda da ciência de hoje já desencadeou duas guerras mundiais, diversos genocídios, desastres ambientais, extinção de populações inteiras, pela bomba atômica, pelas armas químicas e biológicas e pelo uso equivocado dessa tecnologia do cotidiano nas relações humanas. Todos esses equívocos estão destruindo o planeta Terra, com uma carga de poluentes que ultrapassa em mais de três vezes o suportado pela humanidade. Assim, é preciso que a humanidade, o cidadão, o cientista, os governantes, primeiramente saibam se espiritualizar, lapidar seus corações, buscar o melhoramento moral, para posteriormente serem contemplados com o que Deus pode vos colocar de melhor. É preciso olhar para si, para o seu "umbigo", rever seus conceitos, seus dogmas, seus preconceitos, seus julgamentos, enfim, mudar o seu padrão vibracional, para serem merecedores de tais avanços.

A vossa ciência está em constante progresso, porém, este progresso está exposto a tais limitações citadas anteriormente. Facilmente, presenciamos cientistas que querem pisar em Marte, conhecer novas possibilidades fora do planeta, mas que são incapazes de conviver com seus vizinhos terrícolas. Não estabelecem relações de respeito e amizade com o irmão da frente de sua casa, são impacientes e incompreensivos com seus pais, filhos e demais familiares, mas sonham buscar a possibilidade de viajarem pelos planetas ou irem à lua. Fecham-se em suas próprias casas, não vos permitindo viajar rumo ao seu interior e buscar respostas que possam abrir os seus horizontes como espíritos imortais, como irmãos de um único universo que insiste em interligar cada um de vós com todos os inúmeros irmãos das mais diversas raças, etnias e egrégoras planetárias existentes. Sem essa consciência, é como bater em um muro de concreto e querer passá-lo, é como dar um passo à frente e dois para trás. Os interesses mundanos, o apego ao materialismo, o poder da cobiça, também impedem que os homens avancem em todas as áreas científicas; a busca por dinheiro a qualquer custo, em detrimento da utilização dos conhecimentos concedidos por Deus para que exerça na ciência o desenvolvimento da humanidade, como o assistencialismo aos mais necessitados, a busca por remédios mais baratos para a população mais carente, como os irmãos que perecem nos países mais pobres, passando fome e todos os tipos de privações.

Essa indiferença é que faz toda a diferença entre o planeta Terra e os demais planetas irmãos, tais quais Marte, Júpiter, Vênus, onde as civilizações nem podem ser comparadas com a terrestre.Tamanha é essa disparidade, que ultrapassa a barreira das dimensões vibratórias a ponto de deixar o homem cego e materialista, solitário em sua visão de concepção de mundo, achando-se o único morador do universo, preso em uma galáxia agraciada por Deus, que os criou únicos e solitários. Esses fatores são limitantes, e transpõem o determinismo de serem de um planeta de provas e expiações. Esse planeta ainda o é, por exclusiva vontade dos que nela estão presos vibracionalmente. É o livre-arbítrio concedido por Deus, mas ainda mal utilizado, dada a ignorância do homem.

A ciência é que trará aos homens a explicação dos fenômenos espirituais propriamente ditos. Tal ciência está incumbida de descortinar parte do véu de Ísis, que comprovará de maneira metódica, com critérios específicos e reprodutivos, a existência da reencarnação, a existência de mundos paralelos, da inserção da matéria em um plano multidimensional. Explicará a existência do corpo espiritual e que o corpo físico é apenas o invólucro da vestimenta da verdadeira configuração humana, da essência baseada em um corpo fluídico, de energia mais sutil e de característica imortal.

A ciência levará a luz aos cegos, a comprovação aos céticos e a adequação das correntes religiosas e espirituais à evolução dos novos tempos. A ciência servirá de elo para com o homem-matéria e o homem-espírito. Com ela, os fenômenos extrafísicos, os milagres tão atribuídos a tais feitos serão desmistificados, mostrando que os grandes mestres espirituais que neste orbe estiveram sob plano encarnado, não eram milagrosos seres de fenômenos miraculosos. Mostrará que tais avatares eram não mais que grandes cientistas, manipuladores das leis da Terra, do ar, do fogo, da água, enfim, do fluido cósmico universal, o que atualmente para os homens está longe de ter uma explicação.

A lei da reencarnação será explicada pelos mais diversos métodos, seguindo os passos das atuais terapias de vidas passadas, baseada na regressão psicomotora dos pacientes tratados.

Inclusive, as leis da física e agrupamentos da física quântica serão incorporadas para que, de modo explicativo, seja demonstrada uma das leis mais importantes do Criador, e que atualmente para o plano físico se fazem poucos respaldos comprobatórios de sua autenticidade mediante a ciência.

A matemática, ciência exata no plano físico, comprovará com extrema exatidão o processo reencarnatório, do mesmo modo estabelecerá leis e equações que alicerçarão a lógica das manifestações espirituais, a energia do espírito, o seu processo de animação ao corpo carnal, assim também poderá medir a intensidade e a autenticidade das comunicações mediúnicas.

O processo de desencarnação será demonstrado com extrema exatidão, assim como hoje a física e a química explicam a passagem de fases de um estado gasoso para sólido ou de sólido para líquido. A passagem do corpo físico para o espiritual será explicada, finalmente, através de mecanismos comprovados integralmente pela ciência moderna.

As energias provindas dos chacras serão reconhecidas por verdadeiros órgãos de comunicação do corpo físico com o espiritual. Serão tratados de órgãos vitais, assim como hoje vós possuís em importância o coração, o cérebro, o fígado e os rins. As energias serão medidas, quantificadas, detectadas, tanto as benéficas, quanto as negativas, estabelecendo assim parâmetros para medidas profiláticas para uma série de doenças que descarregam ao corpo físico humano.

Com o advento de inovações nos conceitos dessa ordem, diversos equipamentos, provindos de tecnologias futuras, serão criados e estarão disponíveis para estabelecer diretrizes para o bem-estar humano, baseados nos parâmetros espirituais, como sensações de amor, angústia, medo, tristeza, alegria, entre outros, estabelecendo o mais forte elo entre as correntes espirituais e religiões que demonstram o caminho da felicidade, e que coloquem o materialismo no plano que destaque os verdadeiros valores do espírito imortal.

A Nova Era trará um novo patamar em que a ciência se apoiará fortemente. Ocorrerá a união dos conceitos científicos aos conceitos do esoterismo, rodeado pelos fenômenos não materiais. A astrologia voltará a ser ciência e unirá os seus conhecimentos aos conceitos da vasta bagagem de informações que a ciência material possui e que acumulou durante os vários séculos de investigações dos fenômenos terrenos.

Logo, a ciência veio para permitir aos homens a visualização do plano material, dos avanços que o Plano Espiritual concebia para a humanidade. Os fenômenos mais sutis, como a medição de vibrações e energias, foram já avanços demonstrados e aceitos pela humanidade, que a ciência trouxe à luz do conhecimento, com critérios específicos e de plena comprovação por medidores e aparelhos desenvolvidos ao longo da evolução da tecnologia humana contemporânea.

De modo similar aos fenômenos escondidos no invisível do oculto: doenças e moléstias na Idade Média, a visualização de organismos menores que a capacidade humana de ver, como os astros e planetas vistos através de aparelhos de potente visualização, a ciência trará à tona, futuramente, a consolidação da crença da "vida após a morte", e provará dentro dos seus postulados a possibilidade de comunicação entre os planos espiritual e material, de maneira tão natural aos homens, como a humanidade atualmente assiste em programa pelos televisores em um ponto longínquo do planeta.

A ciência da Nova Era, ao contrário da atual, assumirá o seu verdadeiro papel na sociedade humana, que é a de trazer o desenvolvimento humano através da comprovação e descobrimento de novas técnicas que auxiliarão a humanidade em todas as suas áreas: na saúde, na tecnologia, na sociedade, na estruturação moral e principalmente na consolidação da ciência pós-moderna que é a chamada metafísica. Várias outras áreas científicas de extrema importância para a humanidade estarão ligadas à metafísica, fundindo-se em uma grande área superior da ciência, que interligam todas as outras, desde a parte cultural, passando pela área da saúde, chegando até a área tecnológica e biológica.

Outro grande avanço da ciência da Nova Era será a inserção, de modo progressivo, do elo entre ciência e religião, fazendo parte de um importante mecanismo de transição da fusão das principais correntes religiosas que estão hoje em vosso planeta. Com isso, possibilitará, de maneira lógica, a comprovação de que as religiões contribuem para o desenvolvimento humano, como ferramenta para a espiritualização dos homens, e que a ciência demonstrará isso através dos efeitos benéficos aos sistemas modulatórios e funcionais do corpo humano. Deste modo, serão comprovados os efeitos da fé, das manifestações espirituais, assim como será demonstrado que os postulados religiosos, embasados no amor como único caminho, é a essência que os homens devem buscar para o progresso humano. Com a fusão desses postulados, a ciência moderna e a humanidade darão um passo jamais visto evolutivamente na sua era terrena. Serão permitidos avanços que atualmente demorariam mais de séculos para ocorrer, em pouco mais de uma década de desenvolvimento. Isso tudo será possível, devido à maior visão fraternal e moral que os eleitos terão perante a humanidade. Seu senso de cooperação, altruísmo, e senso de coletividade, convergirão em uma força que dinamizará o modo humano de pensar, na expansão mental e consequentemente espiritual de cada ser.

Ramatís

Perguntas do médium

Pergunta: *O nobre irmão colocou alguns aspectos muito importantes sobre a ciência humana como grande fator de desenvolvimento espiritual. Atualmente, não vemos esta sintonia e muitas vezes, pelo contrário, a ciência é colocada como ferramenta para auxiliar o materialismo. O que poderias nos esclarecer a esse respeito?*

Ramatís: A ciência é a ferramenta concebida aos homens para alavancar o desenvolvimento moral e espiritual da humanidade. Por meio dela, serão comprovados os mais diversos aspectos obscuros ainda na óptica humana, como a reencarnação, existência de corpos espirituais e a alma como centro energético de cada ser. É natural que nesse estágio em que a humanidade atravessa, atualmente, exista um atraso no desenvolvimento da ciência. Mas, como dissemos anteriormente e voltamos a salientar, estão encarnando Espíritos Superiores em todas as áreas de conhecimento humano, e com isso a ciência dará um salto como nunca visto nas próximas décadas, com novas técnicas e descobrimento de aspectos que a humanidade nunca imaginou conhecer. Espíritos Superiores, que estão voltados à prática do bem, serão intuídos a passar aos homens ensinamentos que estavam perdidos pelas civilizações passadas, como a Atlante, o que colocará a ciência humana em um patamar nunca visto nos últimos séculos.

Pergunta: *Suas colocações são esperançosas. Mas, falando do aspecto do desenvolvimento da ciência em patamares jamais vistos, quais seriam as áreas que obterão mais crescimento em relação ao estágio que vivemos hoje?*

Ramatís: Todas as áreas obterão crescimento significativo, pois atualmente, embora para vocês exista um consenso de que a ciência está modernizada, para nós aqui no Plano Espiritual, vemos sobre outro aspecto. Devido ao atraso moral e ao grande número de espíritos escravizados no materialismo e em más inclinações, o reflexo no atraso de tecnologias e teorias científicas está bem maior do que o esperado. Se o homem estivesse preocupado em evoluir buscando o bem coletivo, o que será uma das marcas da civilização da Nova Era, muitos aspectos que estão duvidosos na ciência moderna já estariam solucionados, como a cura do câncer por exemplo. Mas, o que vemos é a utilização da ciência para a busca de vantagens próprias, individuais, o que não vai ao encontro com os propósitos de Deus. A Espiritualidade, mediante este tipo de pensamento, é incapaz de auxiliar com a intuição dos seus cientistas, pois a energia vibratória é contrária aos propósitos de desenvolvimento da alma, logo esses cientistas, direcionados pelo egoísmo, ao invés de serem auxiliados por seus Mentores e cumprirem o seu papel de auxílio ao desenvolvimento da humanidade, são escravizados e intuídos pelos magos negros, que do astral inferior arquitetam os seus planos voltados às práticas do mal. Atualmente, muitas áreas da ciência estão enraizadas em dogmas materialistas, o que coloca um entrave alarmante para o desenvolvimento que os homens necessitam. A área filosófica é um grande exemplo, pois é uma ciência de crucial importância para a humanidade, mas é incapaz de ser compreendida e difundida na sociedade atual, passando de teoria incapaz de ser aplicada de maneira prática aos homens e no seu modelo de sociedade. A área tecnológica, embora tenha se desenvolvido mais nas últimas décadas, ainda está muito aquém do que deveria estar atualmente. Um exemplo é a utilização de energia, como as não renováveis de combustíveis fósseis, como o petróleo, que polui o meio ambiente, servindo de propulsor a máquinas poluidoras e pouco produtivas. A utilização do petróleo ainda é a principal devido à ganância das grandes corporações que somente visam ao lucro, o que em associação com diversos países que estão no eixo dos mais capitalizados utilizam esta ferramenta para o domínio de outros povos e culturas. Outras energias, como a nuclear, ainda utilizada de maneira perigosa e pouco confiável, fica na eminência de ocasionar desastres sem precedentes à humanidade. Se os homens, ao contrário, mudassem o pensamento para a união de conhecimentos e buscassem alternativas para a utilização de energias limpas, sem o cunho principal do lucro e enriquecimento individual, com certeza teríamos um quadro muito mais favorável no planeta Terra do que o atual, principalmente no meio ambiente, evitando esse quadro lamentável que vemos hoje com a poluição disseminada em todos os pontos do planeta. Além disso, com o advento dessas novas tecnologias de geração de energia, máquinas mais eficazes seriam construídas de maneira a obter mais rendimento nas suas operações. Outro ramo da ciência que precisa evoluir, e será um dos mais assistidos pelos Espíritos Superiores é a medicina. Atualmente, as técnicas baseadas na alopatia serão complementadas e gradativamente substituídas por alternativas muito mais eficazes e voltadas às doenças da alma humana. A homeopatia, a utilização de cromoterapia, florais e as curas espirituais pelo passe energético, apometria, entre outros inúmeros, ganharão força e moldarão a medicina terrena a um patamar mais amplo, pois estudará as doenças humanas na sua verdadeira origem, que está na alma de cada ser, como um código de barras que transpõe as sucessivas encarnações e que para serem limpas do corpo espiritual precisam se manifestar no corpo físico para a cura dos homens. Outras áreas da ciência se desenvolverão muito, porém, essas mencionadas serão pontos cruciais para o desenvolvimento humano.

Pergunta: *E a educação? Hoje tão defasada e necessitando de uma profunda reformulação perante a nossa atual necessidade?*

Ramatís: O campo da educação será totalmente reformulado e aplicado de uma maneira que atenda às mentes mais avançadas que já estão encarnando em vosso planeta. O sistema atual, de reclusão e pouco estímulo ao raciocínio dos alunos, será modificado a um sistema voltado aos valores realmente necessários e que contribuam para a formação moral, espiritual e profissional dos novos espíritos, e principalmente, com este novo modelo, a profissionalização dos jovens será fundamentada na postura de serem homens que auxiliem o desenvolvimento coletivo, o que contrasta atualmente com o modelo de obtenção de garantias individuais e de pouca interação com as melhorias que a humanidade tanto necessita.

Pergunta: *Mas todos esses aspectos levantados por vossa entidade estarão sendo colocados gradativamente nas próximas décadas até a chegada em definitivo da Nova Era?*

Ramatís: Exatamente. À medida que os espíritos elevados estejam encarnando, gradativamente, serão conduzidas as mudanças desejáveis. Mas isso é gradativo, constante, mas gradativo até entrarmos em definitivo na Nova Era.

Pergunta: *Em relação às curas espirituais, hoje restritas às casas espíritas, espiritualistas, à Umbanda, entre outros segmentos religiosos. Como a ciência irá aceitar isso futuramente? Como serão conduzidos esses tratamentos? Será aberta à atuação de outros profissionais ou propriamente aos médicos?*

Ramatís: Futuramente, a ciência reconhecerá os fenômenos espirituais como parte da própria ciência. As dimensões distintas serão estudas de maneira mais ampla e profunda, possibilitando ao homem entender cientificamente a formação da alma e o seu comando sobre o corpo físico. Desse modo, a medicina reformulará totalmente o modo de agir nas enfermidades e as patologias serão reavaliadas. Com isso, continuará a medicina a ter a função de curar e de garantir a saúde humana, e os médicos futuros serão exímios médiuns de captação de energias curativas, e assim não necessitará mais que os centros espirituais ajam de maneira "alternativa" às práticas da medicina convencional. Medicina e Espiritualidade se unirão, o que é a marca da Nova Era, que é a união das potencialidades do homem para o bem de todos.

Pergunta: *Em seus relatos, vossa entidade menciona que todos os avanços da ciência provêm de verdadeiros 'downloads' do Plano Espiritual, como se tudo já estivesse pronto na Espiritualidade, necessitando apenas serem transmitidos aos homens pelos grandes cientistas. Poderia nos falar mais a esse respeito?*

Ramatís: Como o vosso planeta é um mundo ainda de provas e expiações e busca o patamar de mundo avançado moral e espiritualmente, este planeta seguirá o caminho de outros que passaram pelos mesmos desafios. No astral, existem locais específicos onde estão armazenadas as informações colhidas durante todos os processos evolutivos de todas as civilizações de todas as galáxias existentes. Civilizações que evoluíram a patamares muito superiores aos encontrados hoje em vosso planeta deixaram as ferramentas de como chegar a este patamar evolutivo. Porém, isso é passado de maneira responsável pela Espiritualidade para os homens. Não se dá a direção de um carro veloz para uma criança de 5 anos, nem se espera que ela consiga conduzir aquilo que ainda está aquém do seu conhecimento. O mesmo ocorre com o homem atual, que ainda está escravizado em seus vícios e limitações morais. Conceder uma tecnologia fora dos patamares do conhecimento humano hoje é como assinar a sentença de extinção do planeta em que vives.

Pergunta: *E o seu relato acerca dos magos negros e o seu sistema de dominação com a maioria dos cientistas atuais. O que poderia nos dizer de modo que nos aprofundemos mais nessas informações?*

Ramatís: Como mencionamos anteriormente neste livro, os magos atuam de acordo com os seus interesses, de forma a tornar sempre os homens seus escravos, pelo mental. E como a ciência é um elemento chave para a elucidação de diversos aspectos da humanidade e que pode conduzir o homem a um patamar superior, é lógico que os magos das sombras utilizam os cientistas com má conduta moral para os seus interesses mundanos. Pesquisas com armas de destruição em massa: ogivas nucleares, armas biológicas, são um pequeno demonstrativo disso. Os magos alimentam-se de energias negativas, e espalhar a negatividade no mundo é a melhor maneira de manter seu sustento. Em relação às técnicas e às diversas maneiras de atuação na ciência, já existem relatos bem elucidativos em outras obras escritas por diversos irmãos da Espiritualidade e que já foram trazidas por alguns médiuns ao seu plano.

Pergunta: *Poderia nos colocar as considerações finais deste capítulo intitulado 'Ciência e Espiritualidade'?*

Ramatís: A ciência será o elo que resta para o descortinar dos diversos aspectos que comprovam a existência do mundo espiritual aos homens. É a ferramenta mais eficaz para suprir as necessidades de desenvolvimento da vossa civilização. Será ela que elucidará todas as dúvidas que as religiões não esclarecem à humanidade. E nesse contexto é muito importante que cada um faça a sua parte e não encare a ciência atual por elemento desagregador em relação às religiões. Mais uma vez, voz digo, que o caminho é a união e a sistemática prática do diálogo e rompimento de dogmas e preconceitos. A ciência, para a Espiritualidade, não é o entrave, mas sim a chave que auxiliará no esclarecimento da humanidade no conhecimento da evolução espiritual.

Ciência é evolução constante, assim como o espírito imortal.

Capítulo 9

Aspectos da Mediunidade

Durante todos os séculos, a humanidade tem sido assistida pelos Planos Superiores para a promoção do seu desenvolvimento espiritual. Entre os diversos meios de interação do Plano Astral com os homens está a capacidade de comunicação entre os dois mundos, e que é possibilitada pela mediunidade.

A mediunidade não é um dom humano, mas uma faculdade natural de todos os seres, pois ninguém adquire a mediunidade, todos já nascem com ela, ou melhor, a possuem na sua essência espiritual, desde a criação do espírito. Deus vos colocou esta habilidade para justamente utilizar por ferramenta de promoção do bem, do aprimoramento próprio e dos demais ao seu redor. A mediunidade não capacita o homem que a desenvolve a ser especial, diferenciado, mas para possibilitar o homem a trabalhar na seara da caridade e em nome de Deus.

Essa capacidade de interação entre as duas dimensões sempre foi reportada ao longo da História, sendo muito comum e fazendo parte da ciência para os Atlantes, depois foi amplamente difundida nos povos egípcios, caldeus, sumérios e nas religiões diversas. A comunicação com os Planos Superiores, em algumas dessas religiões, devido ao zelo com as informações passadas pelo Alto, ficou restrita muitas vezes a sociedades secretas ou elitistas dentro dessas religiões, sendo muitas vezes trabalhada apenas com a "elite" dos sacerdotes. Muitas vezes, devido ao despreparo espiritual e distorção das mensagens, muitas dessas informações, que deveriam ser utilizadas para promover o bem e o desenvolvimento da humanidade, foram aplicadas de maneira contrária, patrocinando os grupos dos umbrais que intuíam médiuns despreparados a utilizarem informações malévolas para promoverem o desencontro dos homens à sua essência, e assim causar discórdia, desordem e atraso espiritual na humanidade. Muitas das táticas de guerras fratricidas eram traçadas por guias espirituais que atribuíam vir dos deuses as informações da vitória e da aniquilação dos seus adversários.

Por outro lado, muito já foi utilizado da mediunidade para o desenvolvimento moral dos homens. Os fenômenos positivos e que causaram transformações profundas na humanidade vieram de muitos médiuns de excelente capacidade e que demonstraram, pela sua humildade, perseverança e disciplina, exemplos de grande conduta aos homens.

A chegada da doutrina de Allan Kardec ao vosso mundo possibilitou a disseminação de maior espectro para as práticas espirituais por intermédio da mediunidade. Trabalhos assistenciais se intensificaram, assim também chegou à luz do conhecimento humano inúmeras obras provenientes do astral e descritas pelas mãos abnegadas dos médiuns, que trouxeram esclarecimento e alívio às massas sofredoras e carentes por conhecimento.

A mediunidade trabalha no homem a possibilidade de interagir entre os dois planos, o da matéria, que é aquele em que cada encarnado deve colocar o seu trabalho na busca do aperfeiçoamento, e no Plano Espiritual, a verdadeira casa, e que explica aos homens encarnados o modelo de conduta que devem seguir na matéria.

Com a chegada da Era de Aquário, e com a encarnação de espíritos mais desenvolvidos moral e espiritualmente, a mediunidade será utilizada de maneira extensiva, pois o esclarecimento espiritual desses espíritos eleitos possibilitará a eles se utilizarem de seus potenciais mediúnicos para trabalharem no plano do bem, e assim agirem de maneira mais eficaz nos problemas do dia a dia, pois terão interação muito mais estreita com os espíritos de estirpe mais elevada e que intuirão as suas ações para as decisões mais corretas.

Quanto mais um espírito se desenvolver, e se lapidar moralmente, maior será a sua capacidade mediúnica. E essa capacidade mediúnica não se refere a ter mais visão do Plano Astral, mais capacidade de incorporação ou de psicografar. Essa mediunidade, quanto mais apurada, mais desenvolvida, mais sutil será nas sensações do médium. A necessidade de psicofonia, incorporação, materializações de espíritos, está baseada na proposta da Espiritualidade Maior, em além de difundir as verdades espirituais, tornar pelo mais "perceptivo" dos homens ainda presos nos cinco sentidos a acreditarem em tais fenômenos. Com a humanidade contendo espíritos mais avançados e esclarecidos espiritualmente, não existirá a necessidade de continuar com tais apresentações mediúnicas.

A intuição será a grande base dos processos mediúnicos na Nova Era. Homens espiritualizados não necessitarão "comprovar" nenhum aspecto provindo do extrafísico para acreditarem no "após morte" ou que existam mundos paralelos habitados com espíritos. Tampouco precisará um médium incorporar de maneira mecânica um espírito para que este literalmente utilize seu corpo para os trabalhos. Com espíritos alinhados em pensamento e com sintonia mais equilibrada e próxima, médiuns e espíritos trabalharão em conjunto, pois não existirá um degrau tão grande entre eles a ponto do espírito ter de se apossar do corpo de seu médium para poder trabalhar em cura, ou passar uma mensagem do astral. Com o médium de elevada consciência moral e espiritual, como ocorrerá na Nova Era, será fácil trabalhar em conjunto, pois um médium maduro e equilibrado poderá auxiliar muito nos trabalhos espirituais.

Outro aspecto importante que ocorrerá, será a frequência maior de espíritos mais elevados que poderão se comunicar com os médiuns que herdarão a Nova Era. Devido ao padrão vibratório mais alto que os homens alcançarão, será possível e muito frequente a interação com espíritos de graus bem mais elevados dos que assistem os homens atualmente, sendo assim frequente a interação com entidades de fora do seu orbe, o que hoje fica muito restrito a poucos grupos espirituais que já possuem o amadurecimento espiritual e que são mais abertos ao desenvolvimento e progresso da humanidade, assim como a noção maior da interação dos homens com o cosmos e outras galáxias.

Como a humanidade entrará em uma era de sensível melhora vibracional, entidades de outros planetas poderão interagir facilmente com os homens, muitas vezes de maneira telepática, pela intuição, assim também poderão se apresentar de maneira mais material em vosso planeta.

Quanto maior a elevação de um espírito, maior a capacidade dele se comunicar e de se "desdobrar" em diversos lugares com a expansão de sua mente. Espíritos como os de Francisco de Assis, Bezerra de Menezes, Hermes, Seraphys Bei entre outros tantos, já possuem tão elevado grau de desenvolvimento em relação à humanidade, que já estão além da sétima dimensão espiritual, o que propicia uma interação mental com os planos inferiores, de maneira muito mais eficaz. Quanto mais fraterno é um espírito, caridoso e bom com os semelhantes, mais Deus possibilita a ampliação de suas capacidades de auxílio a esses espíritos.

Atualmente, muitos estão sendo chamados na Terra para servirem, com a mediunidade, aos homens, porém poucos estão sendo perseverantes no trabalho. Poucos entendem a verdadeira importância do trabalho mediúnico, tanto na esfera da escrita de mensagens, passes, quanto incorporações, desobsessões, e trabalhos de cura. O trabalho mediúnico é uma carta de crédito dada por Deus àquele que precisa executá-la. É uma chance desse homem se redimir mais rapidamente das suas faltas pretéritas, aperfeiçoando-se mais brevemente de seus equívocos. Esta missão conferida é tão forte que aqueles que fogem da sua responsabilidade em trabalhar mediunicamente, não encontram razão ou ideais em suas vidas, ficando muitas vezes perdidos, literalmente sem rumo durante a existência humana.

Salientamos aos médiuns que reconhecem a necessidade de trabalhar em prol da humanidade, que façam este trabalho o mais rápido possível, pois estão perdendo chance ímpar de buscarem a sua paz interior e a verdadeira razão a que vivem. A humanidade precisa de auxílio em todas as esferas, ainda mais que os tempos estão chegados. A Terra é fértil para o trabalho no campo mediúnico, e muitos estão prontos para lançar suas sementes, para que futuramente germinem grandes frutos.

Atualmente, estamos observando uma série de fenômenos nas atividades dos médiuns encarnados que merece toda a atenção e que precisa de esclarecimento. É essencial que os médiuns que trabalham atualmente sigam a disciplina e a humildade como principais bandeiras para que os trabalhos e mensagens vindas do Plano Superior possam ser transmitidas aos homens da maneira mais fidedigna possível. O que ocorre muito entre os médiuns de hoje é a falta de cuidado com o envaidecimento e o orgulho em seus trabalhos. Esquecem que o primeiro mandamento do médium é o cultivo da humildade e de servir a Deus sem querer nada em troca.

As consequências dos trabalhos de médiuns, que executam tarefas voltadas à comunicação entre os planos físico e espiritual é sempre a admiração e o respeito pelo público que se sintoniza com os propósitos espirituais, e muitas vezes, médiuns despreparados e não conscientes de seus verdadeiros deveres caem na armadilha montada pelos planos inferiores do cultivo do orgulho, da indiferença e de certa arrogância de se julgar ser emissário dos céus em meio aos homens. Facilmente, esses médiuns desavisados caem nessa perigosa armadilha, e as consequências são as distorções dessas mensagens e principalmente o bloqueio de muitas delas, chegando muitas vezes a desvirtuar, de maneira irreversível, o trabalho em que o médium estava atuando.

Como foi relatado no capítulo quatro desta obra, os magos das sombras atuam sutilmente nos médiuns com sugestões que envaidecem o trabalhador mediúnico, até que esse mesmo se coloca em um degrau acima dos demais trabalhadores. Considerando que a ação desses magos é sutil, dificilmente o médium sentirá que está sendo influenciado, somente sentirá isso quando a sua mediunidade for totalmente cortada pela Espiritualidade Superior.

Outro fator muito perigoso e que rotineiramente está acontecendo em vosso mundo é a falta de atualização dos médiuns, principalmente na concepção de novas ideias, provindas de outras correntes espirituais, o que é muito comum acontecer entre os médiuns espíritas em relação às mensagens vindas dos seus irmãos espiritualistas. Esses casos são tão graves a ponto de muitas obras que já deveriam estar publicadas entre os homens ainda estarem trancadas nos acervos do Astral Superior por falta de médiuns capacitados e de visão progressista, pois como a Nova Era é sinônimo de evolução e desenvolvimento fica muito difícil transmitir as novas mensagens aos homens por intermédio de muitos adeptos do espiritismo, devido ao despreparo e conservadorismo de dirigentes e médiuns, que não permitem nenhuma ideia nova proveniente de fora dos postulados nas obras ditas espíritas e que não estejam citadas nas obras de Allan Kardec. Esse problema está acarretando uma série de deficiências dentro do Espiritismo, que paradoxalmente, deveria ser a corrente espiritual responsável por divulgar a Nova Era e a união das religiões entre os povos. Mas ao contrário, esta corrente tende cada vez mais a ser uma versão mais moderna da defasada Igreja Católica, com a criação de seus dogmas e leis imutáveis. O nobre instrutor Allan Kardec deixou um aviso muito claro em sua época, como se já preconizasse esse problema atual: "Instruí-vos sempre". Nestas palavras, o fundador da Doutrina Espírita já alertava para que a sua doutrina continuasse na sua essência, que é desvendar e instruir os homens com as verdades espirituais. Esta, acabando por ficar enrijecida dentro do campo de ideia de seus dirigentes, que por não aceitarem as novas ideias que chegam constantemente, por meio de outros médiuns de fora do espiritismo, acaba por desatualizar aquele que seria o instrumento constante de atualização moral e espiritual dos homens.

Podemos adiantar aos homens que muitas obras esclarecedoras virão ao mundo dos homens através da psicografia. A transição para a Nova Era necessita de esclarecimento para a humanidade que já está inserida nesse processo. Então, muitas obras ainda virão, porém será necessário que para isso elas sejam transmitidas por médiuns que estejam à altura de passar tais mensagens para os livros da maneira mais fidedigna possível. E para que isso ocorra, é necessário que esses médiuns sejam desprovidos de qualquer dogma ou sentimentos conservacionistas, e pelo contrário, esses médiuns precisam ter a mente aberta e atualizada para que as mensagens, que em muitos casos abordam assuntos novos, ao serem publicadas, sejam assimiladas pelos espíritos ávidos por respostas no campo da evolução espiritual. Quanto mais o espírito evolui, mais estreito é o elo entre os planos espiritual e plano físico.

Ramatís

Perguntas do Médium

Pergunta: *Vossa entidade colocou alguns aspectos que interferem no trabalho dos médiuns, como a falta de humildade, por exemplo. Poderia nos falar mais sobre este problema ?*

Ramatís: O médium é um verdadeiro captador contínuo de energias. Estas energias podem vir tanto de maneira negativa quanto positiva. Cabe ao médium utilizar um "filtro" para separar o que serve para o seu desenvolvimento e trabalho espiritual e o que não serve. Caso ele absorva os maus pensamentos e desequilibre o seu espírito, seu plano mental e a frequência vibratória alteram de maneira significativa, abrindo brecha para a ação dos espíritos obsessores e de má índole. Acontecendo isso, o trabalho espiritual corre grande perigo e projeta-se como um trabalho sem credibilidade. Do mesmo modo que um médico precisa estudar, fazer o curso superior de medicina e se especializar na área em que for atuar, para que possa fazer um trabalho seguro e confiável, o mesmo ocorre com o médium, que ao invés de fazer um curso, precisará ter muita disciplina, perseverança e humildade em sua conduta. Caso contrário, ele fica facilmente vulnerável aos magos das sombras que se utilizam muito bem das artimanhas que podem atingir "em cheio" o equilíbrio espiritual do médium, que estando desequilibrado não consegue manter a faixa vibracional alta e assim não estabelece conexão com a Espiritualidade Superior, e dessa maneira, ocorre o bloqueio com os Mentores Espirituais pela falta de conexão. Um médium humilde estará sempre em alerta a qualquer tipo de influenciação, pois como cultiva a humildade, sabe que possui limitações de ordem espiritual e que precisa dobrar a atenção através do "vigiai e orai". Fazendo isso, estará constantemente em vigília, e com isso sempre fortalecendo a oração e assim reduzirá em muito a probabilidade de uma interação com o lado das sombras.

Pergunta: *E em alguns casos em que costumamos presenciar médiuns que não vão a outros lugares de tratamento espiritual, nem para receber um passe energético ou uma energização. Eles afirmam que não necessitam disso pois sabem se autodepurar, porque recebem entidades de Luz e assim estão sempre protegidos. Eles o estão mesmo?*

Ramatís: Mesmo os médiuns que trabalham com entidades elevadas e que realizam esses trabalhos com grande afinco e dedicação, necessitam receber cuidados relacionados à sua energização e proteção. Somente o trabalho espiritual, por maior que seja, não atribui proteção total aos médiuns. Principalmente, se esses trabalhadores tiverem família ou interações cotidianas, que todo o espírito encarnado tem com a matéria. Alguns médiuns mais instruídos e preparados terão mais proteção, pois sabem "se cuidar" na interação com o plano material, mas mesmo assim poderão sofrer influenciação, pois seus pais, filhos e netos, muitas vezes, não estão na mesma faixa vibratória e sendo assim, estarão emanando energias negativas contra este médium que tem de assumir o papel de mãe, pai, filho, tio. Em raras exceções, somente espíritos mais elevados que estão encarnados e que exercitam a mediunidade conseguem se proteger totalmente, sem necessitar recorrer a tratamentos holísticos ou a casas espirituais. A grande maioria está no primeiro caso, necessitando sempre de redobrado cuidado para não sofrer a interferência dos espíritos inferiores. E outro fator fundamental para o sucesso de um bom trabalho mediúnico é a interação desse com outros médiuns e com outros trabalhos espirituais, se possível buscar a troca de experiências e a assimilação de novas instruções. Quanto mais instruído, diversificado e dinâmico for um médium, ele poderá trabalhar com muito mais eficácia e qualidade com sua mediunidade, com a abertura do seu espectro de ação no campo da caridade e do bem.

Pergunta: *Quais os aspectos que contribuirão para a mudança na mediunidade entre os homens? Poderia nos falar um pouco mais a esse respeito?*

Ramatís: A mediunidade modifica-se com a mudança de percepção humana em relação à vida e à sua interação com o mundo espiritual. No momento em que o espírito passa a entender mais o seu papel como energia que faz parte de Deus, sua mente expande de maneira significativa e dessa maneira altera o seu campo de percepção sobre a criação que o cerca. Com isso, passa a ser muito mais intuitivo e menos preso aos fenômenos propriamente ditos. Na mediunidade mecânica, em que o médium possui pouca consciência e que literalmente disponibiliza o seu corpo para outro espírito agir, existe mais o empréstimo e o deslocamento do seu espírito para outro, no caso, aquele que quer passar a mensagem ou agir no plano material. Já o médium intuitivo participa diretamente como um coautor da ação da influenciação do espírito que vem passar a mensagem. Essa mediunidade é mais complexa pois necessita da interação entre médium e espírito, de maneira harmoniosa, sendo que, para que o médium receba tais entidades por essa via mediúnica, ele precisará estar em um plano vibratório superior para que possa ajustar a sua frequência com a dos espíritos. Por isso, que a mediunidade intuitiva será muito comum na Nova Era, pois os espíritos que estiverem nela serão de uma evolução espiritual superior, estando moralmente equilibrados. Quanto mais um espírito for elevado, maior será o seu alcance de interação com os demais irmãos.

Pergunta: *E como ficam os rituais e preparações que existem em muitas correntes espirituais para preparar o médium para a chegada dos espíritos?*

Ramatís: Com a mudança na percepção dos homens e com isso na mediunidade, muitos dos rituais e preparações espirituais também tendem a mudar. O que nunca mudará é a necessidade constante do médium em relação à vigília dos bons pensamentos, boas ações e pensamentos frutíferos no decorrer do dia a dia. Em verdade, os rituais tão utilizados em algumas religiões possuem a finalidade de, por intermédio de uma hipnose, preparar a mente dos médiuns que ainda não possuem mais poder mental para se alinhar em uma única frequência, para que facilite a ação dos espíritos, principalmente espíritos de quilate espiritual mais baixo. Para a aproximação de espíritos mais elevados é muito mais eficaz a conduta do médium no seu cotidiano, cultivando bons pensamentos e trabalhando em sintonia com a caridade. Essas ações criam um campo energético favorável para a conexão com o Plano Superior, o que diferencia dos médiuns que precisam fazer rituais e preparações mecânicas com cânticos e simbolismos para que eles próprios possam entrar em uma espécie de transe, para que assim possam deixar a mente livre para a ação dos espíritos que forem estabelecer sintonia com eles.

Pergunta: *Em relação aos seus relatos recentes, o espírito, quanto mais elevado, mais facilidade terá em relação à interação com os demais espíritos, e por sua vez os médiuns quanto mais evoluídos espiritualmente, estarão mais alinhados com esses espíritos e assim poderão passar mensagens e atuarem no campo espiritual de forma mais concisa. Fazendo uma relação com a Umbanda, que utiliza muitos rituais: charutos, danças, cânticos e simbologias, como essa religião evoluirá a partir dessa orientação futura da mediunidade?*

Ramatís: A Umbanda possui uma sabedoria espiritual que os homens ainda desconhecem. Esta corrente religiosa surgiu principalmente da necessidade do Plano Espiritual de agir com mais contundência nos trabalhos da caridade e assistência espiritual aos mais necessitados, principalmente para as pessoas com maiores dificuldades dentro da sociedade. Logo, a Espiritualidade instruiu os dirigentes para que o trabalho da Umbanda fosse realizado nos moldes da humildade e que atendesse as pessoas que não tivessem a oportunidade de interagir com os conhecimentos da doutrina de Kardec. Se por um lado, o Espiritismo difundido pelo codificador é uma ferramenta de educação e lapidação espiritual, baseada na instrução trazida pelos espíritos, por outro lado a umbanda trabalha na linha mais voltada à ação espiritual, utilizando energias mais sintonizadas com os elementos da natureza, como a terra e a água. Essas energias são de grande utilidade para a aplicação em diversos casos de obsessão ou interferências no psíquico do encarnado. E para que possa ser mais aceita no meio da população mais humilde, a Umbanda apresenta-se com um molde mais simples na fisionomia dos caboclos, pretos-velhos e índios, utilizando linguagem mais coloquial e mais difundida pelo povo. Porém, a Espiritualidade atua com a mesma força na umbanda como em relação às sessões mediúnicas espíritas, sendo que os mesmos espíritos que auxiliam na casa espírita auxiliam na umbanda, porém apresentam-se sob as vestimentas de caboclos e pretos-velhos. Isso ocorre pela simples necessidade de serem mais bem aceitos pelos médiuns que os recebem. Charutos, modo de falar, músicas, danças, são necessidades de aceitação humanas e não dos espíritos que auxiliam. No decorrer do tempo, com a chegada de espíritos mais evoluídos, a Umbanda gradativamente vai diminuir os seus rituais, pela assimilação dos seus dirigentes de que não é mais necessário para a atuação dos espíritos nas pessoas que necessitam desse auxílio. Inclusive hoje, devido à baixa frequência espiritual da maioria da população, a Umbanda desempenha um papel muito importante na limpeza dos seus assistidos, que por causa da utilização de energias mais fortes e ligadas ao plano material, realiza trabalhos de limpeza que em muitos centros espíritas esse efeito não consegue ser atingido com a mesma eficácia.

Pergunta: *Então, a Umbanda teria uma função especial de despertar os homens para a realidade espiritual, com métodos que atrairiam as pessoas que não tenham uma afinidade com a Doutrina Espírita?*

Ramatís: A Doutrina Espírita veio com a grande função de trazer aos homens as elucidações sobre o Plano Espiritual, a sua relação com os encarnados é propiciar as ferramentas necessárias para a evolução dos homens perante o plano material. As instruções e os métodos utilizados pelo Espiritismo necessitam de instrução, como era afirmado e solicitado por Kardec com a expressão "instruir-vos sempre". Com isso, no decorrer das décadas, o Espiritismo foi criando envergadura e assistiu a muitos que necessitavam de respostas aos problemas da alma. Infelizmente, com o passar dos anos, devido à incapacidade de assimilação dos dirigentes, a Doutrina Espírita começou a desvirtuar do seu caminho traçado pela Alta Espiritualidade. O primeiro, de criar dogmas dentro da corrente, engessando a Doutrina para as atualizações provindas do Plano Astral, principalmente de médiuns e trabalhadores espirituais que traziam mensagens novas e que forçavam o Espiritismo a se mover. Com isso, o Espiritismo está correndo o risco de tornar-se propriamente uma religião, e religião para os homens implica uma estrutura complexa que exerce funções além das de servir ao próximo, o que podemos presenciar atualmente com a Igreja Católica, que possui função de Estado e exerce poder político na sociedade, desvirtuando o principal intuito da Igreja fundada por Pedro, que era a de dar continuidade aos ensinamentos de Jesus. Outro ponto muito importante é fundamentado no fato de que muitos dos dirigentes espíritas confundem a instrução trazida pelo Espiritismo como uma vantagem moral e intelectual sobre muitos segmentos da sociedade, de certa forma estão elitizando na sociedade a doutrina baseada na caridade e na igualdade entre as pessoas. É comum a muitas casas espíritas serem conduzidas por pessoas de alto poder aquisitivo, pessoas de poder na sociedade e que, de certa forma, tornam a casa espírita, muitas vezes, de difícil acesso para as pessoas mais humildes, principalmente com as de baixo poder aquisitivo. Inclusive, em muitos casos, médiuns enxergam com vistas grossas até a entidades de índios e negros que se aproximam do trabalho espiritual, como mesas e sessões de desobsessão, o que reflete um pouco desse elitismo, e elitismo sempre denota preconceito e parcialidade no julgamento das pessoas. A Espiritualidade, sabendo desses fatos, colocou na Umbanda a saída para o atendimento de milhares de pessoas que não compatibilizam com a postura das casas espíritas, principalmente no aspecto das deformidades relatadas anteriormente. Na Umbanda, o preto-velho, o caboclo e o índio apresentam-se dessa forma até para se identificarem bem mais com aquelas pessoas mais humildes e que não possuem o perfil vibracional daquelas que se afinizam com a Doutrina de Kardec. Com isso, muitas entidades de Luz sentem-se até mais à vontade para atuar em um terreiro de Umbanda do que nas casas espíritas, pois não aplicam o tratamento mais adequado em relação aos espíritos sofredores; utilizam métodos pouco eficazes para tratarem realmente os males da alma. Já na Umbanda, os trabalhos que englobam as ações na Luz do Evangelho de Jesus e que não se utilizam de nenhum ritual fora de seus propósitos, como por exemplo, o sacrifício de animais, consegue resultados muito mais eficazes nos casos de limpeza espiritual, desobsessão e tratamentos de enfermidades que assolam o homem.

Pergunta: *Mas qual o futuro, tanto do Espiritismo, quanto da Umbanda em nosso planeta?*

Ramatís: Ambas as correntes espirituais possuem uma função muito importante para a evolução espiritual da humanidade. Com a chegada de espíritos mais evoluídos e que irão ingressar em ambas as correntes religiosas, ocorrerá uma grande evolução, tanto no Espiritismo quanto na Umbanda, e com isso ocorrerá o que está faltando nos dias de hoje que é a interação dessas correntes entre si, unindo os trabalhos em uma única corrente, assim também com as demais religiões e correntes espirituais no mundo. Atualmente, isso está muito longe de acontecer devido às mentes atrasadas e escravizadas das pessoas que dirigem essas correntes e que estão muito mais voltadas a interesses individuais do que aos interesses que realmente são importantes, que é o bem-estar espiritual do coletivo. Com o passar do tempo e a chegada desses espíritos evoluídos, gradativamente haverá uma lapidação dessas correntes e assim, mudará a forma de pensar e conduzir cada uma dessas correntes, sendo que cairão também os dogmas, rituais e pensamentos obstrutivos para a evolução espiritual e moral do homem.

Pergunta: *Mas, e a religião Católica?*

Ramatís: Cairá como Estado político e instituição material e restará somente a essência do Cristianismo que é o que importa para a evolução da humanidade.

Pergunta: *Então, a religião Católica será extinta?*

Ramatís: Não, ela se adequará à nova maneira de pensar e entender a Espiritualidade perante Deus, ela estará inserida com as outras religiões no Universalismo Crístico, isto é, na união das correntes religiosas com a única função de promover de maneira efetiva a evolução espiritual de toda a humanidade.

Pergunta: *Mas voltando à questão da mediunidade. Nos dias atuais, como a Espiritualidade está vendo as diversas obras de muitos médiuns e assuntos que estão sendo publicados?*

Ramatís: Como falamos anteriormente, muito precisa ser passado ainda para a humanidade, pois "o lado de cá" possui muitas informações que os homens precisam receber, principalmente nos tempos difíceis que virão. E para isso, precisamos de médiuns preparados, principalmente com a mente aberta e fora de qualquer vício ou visão conservadora e principalmente, desprovido de qualquer religião ou corrente espiritual. Podemos afirmar que muitos outros médiuns virão para passar aos homens essas informações. Como a mente humana é imortal e faz parte desse espírito imortal, ela necessita de muita informação e principalmente provinda de várias correntes e modos de pensar, para que o homem que se candidata a receber a Nova Era possa se instruir sem uma marca ou propriamente uma religião dominante e que gere dogmas futuros. A Nova Era não comportará esse tipo de pensamento, inclusive termos como "Doutrina" e "doutrinar alguém", estarão muito mais focados em uma ineficaz forma de instruir e de impor alguma ideia ou conceito à força, e nenhum espírito recebe informação à força, pelo contrário, ele necessita que essas informações passem pelo crivo da sua consciência e pela porta do seu coração. Dessa maneira que o espírito se instruirá verdadeiramente.

Pergunta: *Mas e os 'falsos profetas' tão comentados por Jesus?*

Ramatís: Atualmente, é muito difícil não identificarmos as pessoas que possuem más condutas. Com a chegada do astro, as energias grosseiras movimentadas por esse já estão provocando a agitação da energia dos espíritos mais atrasados e ainda presos à animalidade. Estamos em uma era em que estão caindo os disfarces, as pessoas estão se mostrando, como pensam, agem e o que querem. E com isso, quem é realmente ruim e possui má conduta mostrará isso sem nenhuma vergonha, o mesmo ocorrerá com as pessoas voltadas ao bem, que se mostraram realmente na sua essência. Com isso, os falsos profetas já estão sendo expostos pelas suas próprias condutas. Não vão conseguir segurar na hipocrisia e na mentira os seus reais pensamentos. Com isso, para as pessoas que estiverem alinhadas com o bem, não terão como serem enganadas por nenhum falso profeta. E não haverá enganado, haverá sim sintonia e afinidade de energias entre os influenciados e influenciadores. Desse modo, os falsos profetas não arrebanharão ninguém mais do que aqueles já condenados a viverem em outros mundos de inferior escala vibracional.

Pergunta: *Mas, os magos das sombras podem interferir nessas informações chegadas aos homens através dos médiuns?*

Ramatís: Esse risco sempre será real para os médiuns despreparados e desprotegidos. A melhor maneira de combater isso é com a constante instrução, leituras edificantes e disciplina no trabalho mediúnico. Todos esses atributos devem estar estreitamente ligados com a humildade constante que cada trabalhador mediúnico deve ter.

Pergunta: *Em relação aos aspectos relacionados à mediunidade e à capacidade do médium em receber entidades de Luz, sendo algumas colocadas na escala espiritual como muito evoluídas, como Francisco de Assis, Saint Germain e Maria de Nazaré. Comumente, médiuns que recebem mensagens destas entidades são colocados à prova perante a real veracidade dessas mensagens por parte dos dirigentes espíritas que colocam em dúvida a capacidade desses médiuns de receberem entidades tão evoluídas. O que tens a dizer?*

Ramatís: Quanto mais evoluída for uma entidade espiritual, maior será a facilidade com que esta auxiliará os encarnados, pois com a lapidação espiritual a evolução cada vez mais habilita o espírito a ajudar o seu irmão e não a se distanciar. Muitas vezes, presenciamos essa conduta de dúvidas das pessoas e principalmente daqueles mais engajados em suas doutrinas espirituais que não recebem entidades mais elevadas, pois acham que não é possível receberem em seu terreiro ou mesa mediúnica uma entidade que julgam muito evoluída. Com isso, perde-se a oportunidade de auxílio ao próximo e obstrui-se o trabalho que a

Alta Espiritualidade planeja para aquele grupo. Inúmeras vezes isso acontece, inclusive em trabalhos de desenvolvimento mediúnico em que aprendizes de médium, de grande potencial telepático, conseguem receber espíritos mais evoluídos, mas que não são levados a sério por seus dirigentes por estes acharem que não podem receber entidades de Luz. Mal sabem que essa comunicação muitas vezes é permitida pelos espíritos evoluídos, em uma proporção muito maior do que a vontade dos médiuns em receber. Com isso, muitas vezes, esses doutrinadores e dirigentes obstruem o trabalho do médium e dificultam inclusive o aprendizado desses, que em muitos casos, médiuns destinados a realizarem excelentes trabalhos no campo mediúnico ficam extremamente comprometidos. Por isso, que presenciamos muitos trabalhos de cura e de desobsessão feitos por médiuns fora da seara espírita, fundando muitas vezes grupos espirituais de sintonia parecida para que possam receber essas entidades. É estranho e contraditório ver, por exemplo, que entidades tais quais Francisco de Assis e Maria de Nazaré não possam contribuir mais diretamente ou passar uma mensagem nos centros espíritas, onde seria o local mais fidedigno para isso, pois está todo alicerçado na doutrina que mostrou ao mundo de maneira sistemática a possibilidade de comunicação entre os planos material e espiritual. Quantas e quantas vezes, Jesus trabalha diretamente nos trabalhos espíritas e se identifica como outro irmão espiritual para poder ser aceito, pois criou-se entre os espíritas uma lei de que Jesus é inacessível mediunicamente.

Pergunta: *Mas, como uma entidade como Jesus, de vibração tão elevada e espírito tão evoluído, poderia ser canalizado por um médium a ponto de obter uma mensagem ou comunicação?*

Ramatís: Quanto mais um espírito for evoluído, maior será a sua energia, sendo maior a sua energia, mais sutil ela será, pois um espírito que se lapida vai ficando menos denso, mais sublime.

No caso do Mestre Jesus, que atualmente encontra-se acima da 21º dimensão, a sua interação com irmãos menos evoluídos é muito mais facilitada do que a interação de um irmão desencarnado na 4º dimensão por exemplo. Cada vez que o espírito sobe um degrau evolutivo, transpondo as dimensões, a sua capacidade de desdobramento se multiplica. Tanto que Jesus intercede por todos os espíritos deste planeta de maneira onipresente, pois ele possui essa capacidade conferida pelo alto grau de evolução que alcançou. Seria contraditório, perante o plano evolutivo, um espírito quanto mais evoluído, ser mais inacessível na interação com seus irmãos menores, isso iria contra as leis evolutivas.

Pergunta: *Mas em relação aos médiuns, eles também não teriam de ter uma grande preparação para receber tais entidades, como Jesus por exemplo?*

Ramatís: Com certeza! Quanto mais preparado, mais fácil será a possibilidade de conexão com entidades mais elevadas. A humildade, a disciplina, perseverança, bons pensamentos, todos estes fatores interferem positivamente para uma interação com entidades mais elevadas. Muitas vezes, o médium preenche muitos desses requisitos, mas devido à prisão dogmática imposta nas correntes espirituais, ele acaba bloqueando mensagens de Jesus, que seriam de grande contribuição para os trabalhos. Principalmente os espíritas aceitam Jesus como guardião do trabalho, um guardião que enxerga de longe, sem possibilidade de interação mais próxima. Inclusive muitos médiuns percebem a sua presença e muitas vezes omitem essa interação no final dos trabalhos com medo de ser recriminados ou contestados pelo dirigente do trabalho. Um grande paradoxo, e mais um encontrado nos dirigentes da Doutrina Espírita é que em seus trabalhos Jesus não consegue se comunicar, mas nas Igrejas Evangélicas ele costumeiramente age e aparentemente possui uma interação muito mais próxima com os seus irmãos, pois nesses trabalhos ele é aceito de uma maneira muito mais íntima do que junto aos espíritas que, através dos seus dogmas e falta de atualização do mundo espiritual, enxergam Jesus como alguém já inacessível.

Pergunta: *Existe uma interação maior de Jesus na religião Evangélica que no Espiritismo, por exemplo?*

Ramatís: Jesus contribui de maneira igual e completa em todos os trabalhos de todos os segmentos religiosos. Ele, tal qual o último dirigente planetário, sempre esteve intimamente ligado com todos os homens. O que nos referimos é como se dá esta percepção pelos dirigentes e trabalhadores espirituais que, devido aos dogmas e conservadorismo obtidos da interpretação errônea de suas doutrinas, não permitem interação maior com o Mestre. Inclusive, em muitos casos, presenciamos cenas lamentáveis de quando um irmão médium anuncia a chegada de Maria de Nazaré ou de Jesus e é chamado por muitos dirigentes e "estudiosos" do Espiritismo de hereges ou que estejam até desrespeitando os próprios espíritos que vêm trazer a mensagem. Mais uma vez, vivenciamos a percepção limitada das religiões, o que é típico na atualidade terrena.

Pergunta: *Teríamos muito mais perguntas sobre este tema, achamos que muitos aspectos ainda devam ser desvendados. Esperamos que futuramente possamos ter uma obra direcionada diretamente a este tema para que possamos elucidar muitas incógnitas. Mas, em relação ao que foi elucidado neste capítulo por vossa entidade, o que poderias colocar por considerações finais aos leitores?*

Ramatís: Procuramos mostrar neste capítulo que, assim como o espírito, a mediunidade, que é um importante atributo dado por Deus a todos, também evolui com a expansão do intelecto dos homens. O importante é que cada ser consiga, no seu dia a dia, conhecer-se melhor na busca do aprimoramento interno, e com isso, expanda-se também a mediunidade. Quando um médium assume verdadeiramente a sua função no plano terreno, é estabelecido entre ele e o seu íntimo uma profunda batalha em nível do autoconhecimento, pois um médium precisa sempre evoluir, e para evoluir é necessária a constante reforma íntima e aprimoramento de suas ações no campo moral e intelectual. E sempre, sempre para o homem tornar-se um bom médium, é necessária a instrução tão solicitada pelo pai do Espiritismo, para que com a mente atualizada possa sempre expandir mais e mais a sua capacidade mediúnica e com isso, possibilitar mais atuação do Plano Espiritual entre os homens, para a constante evolução de toda a humanidade.

Capítulo 10

A Era Aquariana

A Nova Era será uma nova etapa no orbe terráqueo. Nesse novo período, a humanidade dará um salto gigantesco nos padrões evolutivos em comparação ao atual estágio que vivenciamos hoje. Como foi colocado anteriormente, os homens que herdarão esta Nova Era apresentarão uma postura muito diferente da atual. Primeiramente, que ele pensará, como prioridade, no plano coletivo, isto é, procurará exercer suas ações em prol do bem-estar da sociedade, do coletivismo, pois ele entenderá que assim estará promovendo o bem de seus irmãos, e dessa maneira reverterá esse bem para si próprio.

Outro fator importante, que estabelece um perfil bem distinto da humanidade da Era de Aquário, em relação aos homens hoje, é o padrão moral mais elevado, sendo colocado em primeiro plano as ações voltadas ao desenvolvimento do espírito, com a busca incessante do aprimoramento espiritual. Os eleitos da Nova Era terão uma consciência das verdades espirituais e do processo evolutivo criado por Deus. Tendo essa expansão e entendimento dos valores do espírito, será notório o desenvolvimento que essa nova geração de humanos trará ao planeta. Primeiramente, saberão o seu papel no planeta, e que este planeta serve de instrumento para a sua evolução. Com isso, o compromisso e a responsabilidade com o meio ambiente serão muito maiores do que em relação ao triste quadro que acompanhamos hoje.

Atualmente, a alta carga tóxica despejada diariamente no meio ambiente denota um perfil de homens irresponsáveis, egoístas e totalmente voltados ao materialismo, sem nenhuma consciência espiritual. Ao contrário disso, os eleitos da Era de Aquário, por serem mais evoluídos espiritualmente, entenderão que a Terra é um lar emprestado pelo Criador para que eles, os homens, possam desenvolver suas potencialidades, e evoluir utilizando esse meio como instrumento para o seu aprendizado. Um ser evoluído sempre será identificado pela sua capacidade de respeitar todas as formas de vida e entender que ele deve interagir com essas formas e não se impor sobre elas de maneira a apenas se beneficiar, sem deixar alguma contribuição.

A Era Aquariana compreenderá uma nova etapa de vida no planeta. Este por sua vez deverá se regenerar do legado negativo deixado pelos homens ainda imaturos, e após a passagem do astro necessitará de espíritos altruístas, evoluídos e comprometidos com a Luz espiritual, para que possa ser restabelecido o seu equilíbrio natural que foi perdido já há muitos séculos em decorrência da ignorância das gerações passadas.

Um aspecto muito importante que diferenciará os homens atualmente dos que serão os escolhidos na Nova Era é a postura individual de cada espírito. Um aspecto que atualmente vivenciamos é a de que as pessoas estão cada vez mais ansiosas e agitadas, fruto do despreparo espiritual e da influência exacerbada do materialismo sobre os seus planos de vida, o que é um perfil já estabelecido da humanidade atual.

Para os homens da Era de Aquário, este perfil será exatamente ao contrário. Serão espíritos extremamente calmos, ponderados e equilibrados em suas ações. Devido ao preparo espiritual e contato muito mais assíduo com os planos superiores, eles terão facilidade muito maior de utilizar os dons da intuição, o que atualmente pouquíssimas pessoas encarnadas conseguem utilizar. Com isso, a intuição propiciará a esses espíritos a possibilidade de contato com os seus Mentores de Luz, e com isso tomarão decisões mais acertadas e estarão sempre amparados por ideias altruístas, cercadas sempre de positivismo que permitirá evolução intelectual muito mais expansiva da evolução que, por exemplo, hoje vivenciamos na humanidade. Devido a esses atributos, o Aquariano conseguirá ajustar os modos de interação e convivência de sua sociedade de maneira muito mais harmoniosa do que atualmente. Pelo seu perfil empreendedor e coletivista, conseguirá interagir com outros espíritos que estabelecerão o diálogo como principal meio de obtenção de padrões de conduta, gestão e desenvolvimento do coletivo. Com isso, os governos serão órgãos de gestão muito mais eficientes, principalmente pelo trabalho descentralizado que estabelecerão, pois com o padrão coletivo imperando, não necessitarão de líderes que concentrarão o poder de decisão de uma nação em suas mãos, ao contrário do que vemos hoje no planeta, com governos extremamente centralizados e totalitários, com a distribuição de poder e riqueza para as classes dominantes, o que desequilibra a balança em favor de poucos, deixando muitos em condição desfavorável.

Na Nova Era, sempre será colocado em primeiro plano a coletividade e a igualdade de condições. Tendo um sistema gestor mais eficiente, mudará drasticamente a maneira de como será a interação dos povos. O sistema atual planetário, baseado no capitalismo, não será utilizado pelos aquarianos. Como todos terão as mesmas condições de evolução, de trabalho e aprendizado, será natural também que não necessitem de moeda alguma. O dinheiro, que é a moeda de troca do homem atual, é um mecanismo que apenas leva o homem a acumular riquezas materiais. E se alguém se beneficiou e arrecadou uma determinada quantia de riqueza, muitos outros cederam este dinheiro para que isso acontecesse, logo estabelece-se uma desigualdade.

Na Nova Era, aqueles que mais se esforçarem, evoluirão de maneira mais rápida, mas não receberão moeda alguma em maior quantidade para acumular riqueza material, uma vez que não entenderão mais que o materialismo seja necessário para os seus valores, para o seu desenvolvimento, e entenderão que mais trabalhando, mais poderão se desenvolver e evoluir, e com esta evolução poderão auxiliar muito mais pessoas e contribuir com o desenvolvimento coletivo.

O sistema financeiro que assistimos hoje no planeta é o melhor esteriótipo do atraso humano em relação aos valores espirituais em detrimento do culto ao materialismo. Não é por acaso que este sistema entrou em uma linha de colapso irreversível nos dias atuais, pois ele não é sustentável para o desenvolvimento de nenhuma sociedade no planeta. Com o equilíbrio e a interação constante com os Planos Espirituais Superiores, o modo de pensar e agir dos eleitos será totalmente diferente dos habitantes terrenos de hoje.

Nos campos da ciência, espiritualidade, conhecimento e sociedade, os avanços serão constantes. O modo em tratar os animais será totalmente diferente. O que atualmente é aceito e amplamente difundido na sociedade atual, com a matança em alta escala de animais para consumo humano, será para um aquariano um ato de canibalismo totalmente censurável e inadmissível. Como os aquarianos terão uma estirpe espiritual bem mais elevada que a humanidade atual, o consumo de carne de qualquer animal que seja será infundado, pois o respeito ao próximo será uma marca da personalidade destes espíritos.

O aspecto relacionado ao consumo de carne de animais, o que é extensamente realizado em todo o orbe, é um dos atos mais propagadores do desequilíbrio que assola a humanidade. Estamos demonstrando esta preocupação mediante a análise do atual estágio evolutivo dos seres humanos. Atualmente, com o avanço da ciência, do conhecimento nas áreas nutricionais e as relações do homem com o meio ambiente, é inadmissível ao homem não questionar tais atos. Quando a humanidade apresenta um padrão evolutivo mais elevado, toda essa evolução configura também a energia vital que sustenta o espírito. Existindo essa relação, de que quanto mais elevado mais sutil é a vibração humana, fica bem explicada a necessidade de rever o modo de viver e principalmente o modo de agir com os seus semelhantes na natureza. Dessa forma, comer carne de animais vai na contramão do processo evolutivo da humanidade atualmente, pois não é coerente para um corpo mais fluídico se alimentar de uma energia tão grosseira, como a de um animal com suas vísceras e sangue. O sangue animal alimenta os umbrais, não o espírito do homem.

A Era de Aquário significará a consolidação do êxito do processo evolutivo humano. Depois de uma grande triagem, da literal "separação do joio e do trigo", eis que o planeta apresentará uma nova fase no seu desenvolvimento. Ao contrário do que ocorre nos últimos milênios, a nova civilização será composta de espíritos que se toleram, se amam e que principalmente sabem conviver com as diferenças e unem as suas forças em um único propósito, o de trilhar o caminho na Luz Divina.

Ramatís

Perguntas do médium

Pergunta: *Em relação a este capítulo, vossa entidade menciona que a Nova Era será um novo marco no planeta, conferindo um salto gigantesco para a humanidade. Poderia nos dar mais detalhes?*

Ramatís: O mecanismo evolutivo do Criador funciona como o constante aprimoramento de seus filhos em todas as searas da vida. Vossa galáxia é uma pequena engrenagem perfeitamente encaixada na gigantesca máquina da vida, que se move sem parar. Sendo assim, é chegado o momento que a Terra tem o merecimento e a oportunidade de melhorar vibracionalmente, e para que isso ocorra é preciso expurgar as almas retrógradas e que não acompanham a linha de raciocínio dos planos superiores. E para situar o planeta nesse novo patamar é necessário que os seus habitantes possuam uma visão mais ampla dos diversos aspectos da vida e que sejam dotados de responsabilidade, compaixão e pensamentos altruístas. Eis o propósito da Nova Era. A humanidade que nela estará, será formada por espíritos que já passaram pelos estágios iniciais da evolução e que deixaram para trás as vestimentas da animalidade para buscarem um propósito maior em suas vidas: seguir o caminho na verdadeira busca por Deus.

Pergunta: *Mas esse avanço mencionado será no mesmo nível em que chegaram os Atlantes na Era de Ouro? Poderíamos estabelecer um comparativo?*

Ramatís: A diferença da sociedade da Nova Era com a sociedade atual terrena será descomunal. Seria, como se pudéssemos fazer uma comparação grosseira com a vossa atual humanidade representando a Nova Era e uma sociedade feita de aborígenes com sua truculência e animalidade à flor da pele, representando a sua sociedade atual. Os hábitos praticados pela sociedade atual terrena serão totalmente repugnantes para a nova sociedade que virá futuramente. Em relação aos Atlantes, esta foi uma sociedade que na sua época magnânima, neste planeta, alcançou expressiva evolução tecnológica e moral, a ponto de estarem em uma vibração superior à do planeta na época. Foi tão bem sucedida esta estada no planeta que os Planos Superiores promoveram esta grande nação pelo seu merecimento e esforço, a migrarem gradativamente para mundos com escala evolutiva muito superior ao planeta Terra. Esta migração ocorreu concomitantemente com a chegada dos Capelinos exilados que vieram pela situação contrária, sem o merecimento de continuarem em mundos mais felizes. Esta é a roda evolutiva da vida, e assim sempre será, pois nosso Criador é dinâmico e perfeitamente justo com os esforços de seus filhos.

Pergunta: *Mas poderíamos estabelecer um comparativo com os Atlantes da Era de Ouro com os da Nova Era ?*

Ramatís: Os novos habitantes que herdarão a Nova Era encontrarão dificuldades naturais por causa dos eventos pós-astro intruso. Mas com o tempo, devido à elevada estirpe espiritual desses eleitos, aliada ao grande senso de união e fraternidade dos povos, formarão uma sociedade global muito evoluída e que lembrará em grande parte o progresso das épocas de ouro dos Atlantes. Porém, na época em que existia a Terra de Poseidon, existia a peculiaridade de existirem esses habitantes evoluídos somente na grande ilha, contrastando com as outras áreas do globo que abrigavam espíritos mais atrasados evolutivamente, o que os Atlantes chamavam de mundo primevo. No auge da Era de Aquário será um pouco diferente, pois haverá uma homogeneidade vibracional em todo o planeta, pois os espíritos estarão mais nivelados espiritualmente, não havendo abismos entre os povos.

Pergunta: *Então, vossa entidade afirma que será uma etapa evolutiva consolidada e que o mal na forma que vemos hoje não terá espaço mais neste planeta?*

Ramatís: Não exatamente. Mesmo com o planeta vibrando em frequência muito mais elevada que atualmente, o mal não será eliminado por completo do planeta azul. A função do planeta Terra é a de regenerar as almas embrutecidas através das diversas experiências e aprendizado das inúmeras encarnações proporcionadas. É lógico que a humanidade da Nova Era dará um passo descomunal evolutivamente com o que presenciamos hoje. Porém, o mal mencionado por vós faz parte do processo evolutivo e será encarado pelos novos eleitos como a grande oportunidade de lapidação espiritual e de aprimoramento moral. Eis a grande diferença para o mundo de hoje. Enquanto atualmente, os homens usam o mal por conduta de vida para atingirem os seus objetivos egoístas transitórios, os homens da Nova Era utilizarão este como aprendizado de vida, como trabalho para evolução moral e espiritual. Eis a grande diferença. A conduta e a postura dos eleitos serão totalmente contrárias as dos homens atuais. O mal é a manifestação e a consequência da ignorância, e ignorância se combate com instrução e muito amor. Atualmente, os homens não sabem nem diferir o que é espírito e muito menos conhecem o amor verdadeiro de Deus.

Pergunta: *Mas em que nível que o mal estará convivendo com os eleitos da Nova Era? Isso não ficou muito claro.*

Ramatís: À medida que a sociedade aquariana se desenvolver, os Planos Superiores enviarão espíritos menos elevados para conviverem e serem ensinados por essa nova sociedade. Como o mal provém da ignorância, este será manifestado pelos erros e deslizes desses espíritos. Porém, como a sociedade aquariana será muito bem estruturada, existirá grande facilidade em lidar com estas situações e principalmente existirão muitas ferramentas a possibilitar o aprimoramento desses espíritos para que evoluam, e assim, possam conviver de forma harmoniosa.

Pergunta: *Então, com o tempo e a chegada de espíritos de atraso moral, poderá ocorrer o mesmo que ocorreu na Era de Ouro Atlante, com os espíritos de Capela que desestruturaram a grande nação e a levaram à falência?*

Ramatís: O planeta Terra sempre abrigará espíritos em estágio de expiação espiritual. O que mudará com a chegada da Nova Era será o modo que ocorrerá essa expiação dos espíritos. O salto evolutivo que será obtido futuramente possibilitará aos homens lidarem com o progresso dos espíritos em atraso espiritual, de maneira muito mais eficaz e com resultados mais concisos. O que atualmente é uma regra na humanidade, na Era de Aquário será uma exceção, no que diz respeito à maneira que o mal se manifestará. Atualmente, não existe um patamar de civilidade e nem governantes e pessoas em condições de aplicar maneiras de conduzir os espíritos atrasados. Alguns avatares vieram ao planeta e conseguiram avanços significativos, mas mesmo assim, devido à grande proporção de espíritos animalizados, não foi possível realizar uma mudança mais profunda, cabendo inclusive aos eventos que atualmente ocorrerão, a fazerem esta limpeza pela dor. Na Era de Aquário será o oposto, pois a grande maioria será composta por espíritos estruturados e equilibrados, o que dará um suporte confiável para a lapidação e aprendizado dos espíritos ainda ignorantes. Lembrem-se sempre, meus irmãos, que a Terra é uma escola evolutiva, que será melhorada para atender aqueles que necessitam passar por ela. Ela não é o início e nem o final da estada humana. Aqueles que alcançarem patamar evolutivo superior, migrarão para outros mundos e aqui permanecerão, com algumas exceções, sempre os espíritos que estiverem alinhados com a vibração planetária. Assim que atingirem patamar superior, mudarão para uma escola maior e com maior capacidade de passar um aprendizado mais profundo e avançado aos seus alunos, dentro dos desígnios de Deus.

Pergunta: *Então, pelas suas palavras, o planeta Terra será um lugar melhor para se viver, com uma humanidade mais afinizada com os ideais crísticos, sendo que o patamar evolutivo dos espíritos merecedores de habitarem nosso planeta será bem superior ao atual?*

Ramatís: Exatamente. A Nova Era será um marco para a evolução planetária e dos espíritos que estão sintonizados a este planeta. A humanidade que herdará o terceiro milênio apresentará uma estirpe espiritual muito maior do que presenciamos na atualidade. Esse marco servirá de bússola aos espíritos, para a busca mais contundente da espiritualização e do caminho que leva à Luz do Criador.

Pergunta: *Em relação ao que vivenciamos hoje, com uma humanidade que cultua o materialismo e que principalmente permanece muito ligada às questões tradicionais de séculos atrás e que no nosso ponto de vista, em muitas ocasiões, atrasa a maneira de pensar e agir da sociedade como um todo. Como será vista esta questão das tradições sociais quando chegar a Nova Era?*

Ramatís: A Nova Era trará aos homens a luz do raciocínio e principalmente a capacidade de evolução perante ações mais voltadas ao amor coletivo. Não somos contra o culto de tradições pela humanidade, principalmente para quando o homem lembra os seus feitos mais notáveis e que trouxeram avanço significativo para a sociedade. Não endossamos, de maneira alguma, qualquer culto ou prática que sendo vinculada a movimentos tradicionalistas ou não, que discriminem, separem ou desagreguem algum irmão ou grupos de irmãos por etnias, costumes raça ou posição social. Os movimentos de caráter altruísta e que promovam o desenvolvimento do ser humano em um âmbito coletivo serão rotineiramente adotados pela civilização aquariana. Trazendo o raciocínio para os tempos atuais, vemos estes movimentos elitistas e discriminatórios como uma consequência do estágio espiritual em que está a sociedade, que infelizmente, permanece enraizada no seu egoísmo, orgulho e falta de consciência crística.

Pergunta: *Mas como será essa nova sociedade aquariana? Os desvios graves que cometemos atualmente tais quais mortes, corrupção, miséria, luxúria, entre outros, não serão cometidos pela nova civilização? E se forem, em qual intensidade isso ocorrerá?*

Ramatís: A nova sociedade trará novas diretrizes ao planeta. O comportamento e a conduta dos homens serão totalmente diferentes dos que habitam o planeta na atualidade. O alto grau de espiritualização não permitirá que aconteça os eventos que ocorrem na humanidade atualmente. O homem, estando guiado pelos seus princípios morais e pelo seu lado já desenvolvido do espírito, terá já domado os seus instintos inferiores e desta forma, ao invés de realizar as atrocidades que são normais em vossa sociedade, utilizarão suas energias para desenvolver o bem coletivo, de maneira a alavancar a sociedade para patamares elevadíssimos em comparação aos padrões terrenos durante todas as eras. E de acordo com o que já falamos anteriormente, se ocorrerem desvios de conduta em alguns homens na nova sociedade, estes desvios serão remediados de maneira muito mais eficaz em relação ao que fazem os homens atualmente. Seria como, por exemplo, algo próximo aos grupos que vós utilizais para o convívio e trabalhos voltados à Espiritualidade. Para as pessoas que realmente se engajaram nos projetos sociais e de espiritualização, é bem mais difícil realizarem os delitos graves que o resto da humanidade pode praticar com considerável naturalidade, devido à baixa postura espiritual que ainda possuem. Então, essas pessoas mais espiritualizadas, mesmo que cometam algum delito leve, rapidamente se arrependerão, pois terão a consciência como corretora e as leis espirituais de evolução como parâmetro a ser alcançado, muito diferente das pessoas que devido à letargia espiritual, mal sabem se existe uma força criadora no universo.

Pergunta: *E em relação aos planos inferiores, já foi muito mencionado por outros autores que estes serão extintos com a passagem do astro higienizador. Então, na Nova Era, além desta elevação descomunal com a nossa sociedade atual, o que não permitirá a propagação do mal entre os homens, também não terá a influenciação mais direta dos magos das sombras e de outros espíritos que trabalham no lado esquerdo do Criador, estamos corretos?*

Ramatís: De fato, com a passagem do Astro pelo planeta, todos os espíritos sintonizados com ele, e portanto, os que comportam a energia grosseira provinda do lado negro da oposição a Deus em suas leis, serão inevitavelmente atraídos e com isso sairão do plano vibratório terreno. Esse evento, associado à baixa propensão dos eleitos da Nova Era de realizarem atos de cunho inferior, possibilitará aos homens da nova civilização um patamar de evolução e equilíbrio espiritual considerável. Outros fatores também contribuirão muito para o equilíbrio e bem-estar dos habitantes da Era de Aquário, como a união dos povos em uma única linha espiritual de busca a Deus, assim também a abolição do hábito de comer qualquer tipo de animal, adotando uma dieta estritamente vegetariana. Mal sabe o homem atual o mal que ele promove com a sua indústria da morte e matança diária de milhões de animais em todo o planeta, o que gera uma fonte poderosa de energia que alimenta os umbrais ligados ao plano vibratório do planeta azul. Devido a essas mudanças de hábito e conduta, a Nova Era será um verdadeiro paraíso vibracional comparado ao que temos atualmente no planeta.

Pergunta: *Em relação ao que mencionastes agora, do consumo de carne pela humanidade e pela energia desprendida desse ato para alimentar os umbrais, poderia nos esclarecer bem mais e aprofundar esse tema que ainda na nossa visão é pouco difundido até pelos grupos espiritualistas?*

Ramatís: Preferimos aprofundar e esclarecer mais este assunto em uma obra à parte, devido à complexidade do assunto que está enraizado nas entranhas psicológicas dos homens. Este assunto é tão delicado que em muitos casos médiuns de grande capacidade e discernimento, devido ao condicionamento mental imposto por tais hábitos, não conseguem passar de maneira integral, que é o que está verdadeiramente por trás de toda essa problemática. Por este motivo, preferimos trazer esses esclarecimentos em uma obra separada, visando à compreensão mais ampliada de um tema tão importante e que finalmente precisa ser discutido por todos.

Pergunta: *Vossa entidade teria algo a mais a falar sobre a nova civilização que será integrante da Nova Era?*

Ramatís: É mais sensato neste instante e pelo perfil desta primeira obra conscientizar os leitores do que necessita ser feito e modificado nas ações do cotidiano de sua sociedade, revendo seus conceitos, vícios e mazelas, do que mostrar como será a sociedade do futuro. Cremos que isso será muito mais positivo e efetivo para os milhares de espíritos que terão acesso a esta obra do que ficarmos falando sobre o "paraíso" que todos querem alcançar. O que podemos dizer para finalizar este capítulo é que a Nova Era não será a perfeição de planeta e sociedade que os homens imaginam, mas será uma etapa evolutiva muito mais equilibrada e com recursos de evolução espiritual do que os homens atualmente vivenciam. Será composta pelos merecedores de a ela pertencerem, que conduzirão esta nova humanidade a um patamar de civilidade e espiritualidade muito além do que vivenciamos hoje e que vivenciamos inclusive em eras mais equilibradas. Lembrem-se que o planeta azul é um estágio de infinitos que devemos passar para chegarmos ao estágio de angelitude que é a grande vontade de nosso Pai Celestial, e para que o homem consiga galgar uma vaga entre os eleitos na Era Aquariana precisa fazer o seu dever de casa agora, e que para isso precisa viver o Evangelho de Jesus e a lei máxima do Criador: "Ame o próximo como eu vos amo". Desta forma, conseguirás transpor as barreiras que vos impede de chegar a este êxito.

Ramatís

Capítulo 11

É tempo de despertar

O processo evolutivo do espírito na busca da angelitude é uma lei imutável do Criador como prova maior de amor aos seus filhos, espalhados por todo o universo. Neste processo, é permitido que cada espírito possa aprender incessantemente com as inúmeras vidas e existências conferidas a ele, sendo que cada uma dessas existências contribui de maneira contundente para o progresso espiritual e moral de cada um de nós. Dessa forma, é permitido que o espírito experimente em cada uma de suas encarnações, situações e experiências diversas, que vão apontar e explorar as suas potencialidades no campo do amor e das demais faculdades divinas que são concedidas a cada um. Com isso, o mecanismo evolutivo propicia ao espírito que a cada experiência bem sucedida ele alicerce os seus dons já desenvolvidos, e que a cada experiência negativa esse indivíduo possa repará-lo, e com isso aprender com os erros e principalmente avançar em sua lapidação espiritual.

O recomeçar é a maior dádiva proferida pelo Criador a nós. O espírito poderá recomeçar quantas vezes forem necessárias, pois não existe nas leis do Pai Divino a lei do retrocesso. Ninguém, em lugar algum do universo, involui.

O que ocorre em muitos casos de letargia espiritual é a estagnação momentânea de cada ser de acordo com as suas escolhas. E nesse contexto surge, entre todas as dádivas de Deus, a maior ferramenta para a evolução espiritual que é a capacidade de escolha de cada ser. Essa escolha é individual, própria, nativa e que reflete o maior propósito da evolução espiritual de qualquer espírito, que é de desenvolver a capacidade de pensar e agir por si próprio, para encontrar a semente Divina depositada em cada um. Esta semente, em muitos, está lá, em algum lugar guardada no espírito de cada um, esperando para germinar e gerar muitos frutos que cederão a possibilidade de semear outras inúmeras sementes nos corações de outros irmãos espalhados pelo universo.

A semente, para germinar, precisa ser descoberta e depois de descoberta necessita receber os nutrientes para germinar. Essa semente Divina necessita de um único nutriente e que está estocado em quantidades infinitas por todos os lugares do universo. Esse nutriente você encontra dentro de si, no seu amigo, no seu irmão, em qualquer outro ser vivo. Esse nutriente é o amor. É o amor que faz eclodir a semente evolutiva dentro de cada espírito. Com ele, rompem-se as barreiras impostas à frente de cada ser, e é esse amor que alavanca o homem a um patamar superior perante a evolução.

Nenhum ser consegue ser completo e evoluir, por mais que seja inteligente e tenha adquirido conhecimentos, se ele não tiver lapidado o seu coração. O amor é que expande a capacidade mental e que projeta o homem à felicidade.

O intelecto aprimorado pelo conhecimento é uma ferramenta que auxilia, mas chega em um patamar que esse atributo fica incompleto pela impossibilidade de conjugar mais avanços ao espírito pela falta do amor.

Um homem que conhece a capacidade de se doar pelo amor e dessa forma a pratica, obtém também no campo do conhecimento e força mental avanços contínuos, já o homem que somente procura conhecimento, chegará em um momento da existência que sentirá no fundo de seu âmago a necessidade de algo maior e que será a chave para satisfazer a sua sede de conhecimento maior, que é o conhecimento de Deus. E não se conhece Deus se não for pelo caminho do amor.

Para amar é necessário um exercício íntimo, ligado diretamente a cada um, na sua individualidade. O homem consegue verdadeiramente amar somente quando passa a se conhecer. Esse conhecimento não é superficial, ele precisa ser profundo e obtido diretamente nas entranhas psicológicas e morais de cada ser, e isso se chama autoconhecimento. Somente quando o espírito se conhece de maneira sincera e sem a imposição de máscaras que obscurecem a sua verdadeira identidade, é que se pode refletir sobre os pontos que já estão consolidados no espírito e que estão alinhados ao caminho divino, e principalmente, os pontos que ainda são um desafio para o aprimoramento, literalmente aquele ponto que seria o "calcanhar de Aquiles" de cada um. Com esse conhecimento e um balanço sincero dos seus erros e acertos, inicia-se a reforma íntima de cada um, quando ocorre um trabalho exaustivo de aprimoramento desses pontos fracos, aliados ao exercício da humildade e da perseverança. Dessa forma, devido à sinceridade e honestidade de cada ser consigo mesmo, passa a ocorrer uma manifestação de amor do ser consigo próprio, e assim esse espírito passa a se amar verdadeiramente. Esse é o principal passo a ser dado.

Um ser não consegue amar ao próximo se ele não se amar primeiramente, e o que vivenciamos atualmente são provas intermináveis de que os homens não se amam verdadeiramente.

A entrega às drogas e a todas as espécies de vícios e más inclinações são provas vivas dessa incapacidade de amar. Um ser que não se ama de verdade, não consegue amar ao próximo de maneira alguma. O processo sempre eclode na ordem do interno para o externo e nunca ao contrário. E se esse espírito conseguir amar a si e ao próximo estará amando a Deus de maneira sincera, e dessa maneira estará trilhando o verdadeiro caminho evolutivo rumo à Luz e à felicidade.

Um ser infeliz consigo próprio não tem nenhuma possibilidade de transmitir felicidade para outros irmãos. O propósito maior da Espiritualidade de Luz neste momento é demonstrar isso aos homens do terceiro milênio. Não espere que os céus cheguem a cada um, é preciso ir ao encontro desse céu.

Com este propósito, procuramos trazer através deste livro, no decorrer de todos os capítulos, demonstrar aos homens que a chave para a felicidade de cada um está em si mesmo, nas suas ações e reformas que precisam ser realizadas. Deus, como nosso Pai, conhece todas essas necessidades, conhece as limitações e dificuldades de cada um.

A Nova Era é o presente que o Pai Celestial oferta para todos os homens que estão conectados a este planeta, e a única retribuição que ele deseja é a capacidade de todos se amarem assim como ele nos ama. Embora as necessidades criadas por cada ser sejam diferentes, todos possuem as mesmas condições de obterem um lugar na Era Aquariana, basta que cada um realize essa reforma honesta em seus corações, com muita perseverança, fé e amor!

Ramatís